AF185439

Anton Ziegler

Historisch-biographisch-genealogisches Stamm-Tableau des allerdurchlauchtigsten Kaiserhauses Habsburg-Lothringen

EHV
HISTORY

Anton Ziegler

Historisch-biographisch-genealogisches Stamm-Tableau des allerdurchlauchtigsten Kaiserhauses Habsburg-Lothringen

ISBN/EAN: 9783955641795

Auflage: 1

Erscheinungsjahr: 2013

Erscheinungsort: Bremen, Deutschland

@ EHV-History in Access Verlag GmbH, Fahrenheitstr. 1, 28359 Bremen. Alle Rechte beim Verlag und bei den jeweiligen Lizenzgebern.

EHV
HISTORY

Historisch-biographisch-genealogisches

Stamm-Tableau

des

allerdurchlauchtigsten Kaiserhauses

Habsburg-Lothringen.

Von der Geburt der großen Maria Theresia, bis zum Regierungs-Antritte Sr. Majestät Ferdinand des I. von Oesterreich, mit allen durch Vermälungen verzweigten Neben-Verwandtschaften.

Verfaßt und herausgegeben

von

Anton Ziegler.

Wien, 1837.

Auf Kosten des Verfassers.

Mit dem Regierungs-Antritte weiland Ihrer Majeſtät der großen Maria Thereſia beginnt auch eine neue Epoche in der Geſchichte des allerdurchlauchtigſten Kaiſerhauſes Habsburg-Lothringen.

Dieſe alte, ſeit Jahrhunderten allen Stürmen der Zeit und der Politik Trotz bietende Eiche wurde nun mit einer noch älteren verzweigt, und ſteht, nachdem vergebens alle Kräfte aufgeboten wurden, ſie zu entwurzeln, in rieſenmäßiger Kraft noch da, unter deren wohlthuenden Zweigen ſich die Völker Oeſterreichs erquicken.

Schon lange lag es in dem Plane des Verfaſſers, ein Werkchen nebſt einem leicht anſchaulichen und ſchnell aufzufaſſenden Tableau zu liefern, welches mit der Geburt der großen M. Thereſia beginnend — wo nämlich das Haus Habsburg durch das alte mit ihm verwandte Haus Lothringen fortgepflanzt wurde — Alles dasjenige, was ſich ſeit dieſer Epoche in einem Zeitraume von mehr als Hundert Jahren ergeben hat, hiſtoriſch, biographiſch und genealogiſch enthalten ſoll.

Hiſtoriſch. — Nämlich in möglichſt gedrängter Kürze, jedoch mit aller Genauigkeit, und ohne die geringſte Vernachläßigung irgend eines Hauptgegenſtandes, alle jene großen und welterſchütternden Begebenheiten zu erzählen, die ſich in dieſer Periode bis zum Regierungsantritte Kaiſer Ferdinand des I. zugetragen, und mit dem unſterblichen Leben der glorreichen Herrſcher dieſes Hauſes verwebt waren.

Biographiſch. — In ſkizzirten Umriſſen, aber dennoch mit annehmlicher Deutlichkeit, das Leben, Wirken und Sterben der gekrönten Häupter des Habsburg-Lothringen'ſchen Hauſes, und zwar mit der Kaiſerin M. Thereſia beginnend, ſo wie auch alle ſonſtige Erzherzoge und Erzherzoginen genügend zu beſchreiben, endlich:

Genealogiſch. — Wo der Leſer — ſo gedrängt auch das Werkchen in ſeinem ganzen Umfange iſt — auf das Schnellſte und Leichteſte erfährt, mit welchen Häuſern ſich Habsburg-Lothringen, durch einen Zeitraum von mehr als einem Jahrhunderte, verſippſchaft hat; und in welchen Graden, und auf welche Weiſe die Souverain« Europas noch gegenwärtig mit dieſem hohen Hauſe in Verwandtſchaft ſtehen.

Zu dieſem Behufe wird dem Werkchen ein eigenes Stamm-Tableau des allerdurchlauchtigſten Kaiſerhauſes Habsburg-Lothringen beigefügt, in welchem nicht nur die ſämmtlichen Glieder des

1 *

selben seit jener Zeitepoche, bis zum gegenwärtigen Jahre in ihrer Descendenz mit ihren Nebenzweigen dargestellt, sondern auch alle jene europäischen Häuser ersichtlich werden, die durch Vermälungen mit dem hohen Hause Habsburg=Lothringen verbunden sind. Es dürfte demnach dieses historisch = biographisch = genealogische Stamm=Tableau, wenn auch schon in möglichst gedrängter Kürze, dennoch ein vollständiges vaterländisches Nationalwerk bilden, und allen Anforderungen entsprechen, die in diesen Beziehungen von dem wissenschaftlich gebildeten, so wie von dem edeldenkenden Vaterlandsbürger gemacht werden können, nachdem hier Alles vereint ist, was Zufall, Gespräch oder Geschäftsdrang zu wissen nöthig machen.

Man findet alle große Ereignisse und Weltbegebenheiten der neuen und neuesten Zeit hier in einem skizzirten Umrisse zusammengetragen, und durchwandelt eine Gallerie von Fürsten, durch deren vortreffliche Eigenschaften die Künste und Wissenschaften hellglänzend hervorstrahlten, und die sich, der Bewunderung ihrer Zeitgenossen und unserer steten Liebe und Achtung würdig, der Nachwelt aber unvergeßlich gemacht haben.

Durch diese Darstellung wird auch der Leser mit dem Leben dieser hohen und höchsten Personen, mit ihren großen Talenten, mit ihren seltenen Tugenden, mit ihren Leiden und ihrer nachahmungswürdigen Seelengröße bekannt, und sieht endlich, welch' ein Familienband sich in Europa um dieses große Vaterhaus geschlungen.

Der Verfasser glaubt mit aller Bescheidenheit behaupten zu können, daß eine ähnliche Darstellung dieser hohen Regentenfamilie in allen diesen besagten Beziehungen, und in einem so kompendiösen Zusammenhange bis jetzt noch nicht erschienen ist, und erlaubt sich deshalb, diese Bearbeitung als ein Denkmal seiner innigsten Vaterlandsliebe betrachten zu dürfen.

Reichlich wird er sich daher belohnt fühlen, wenn ihm für diesen Versuch zu einer vaterländischen Familien = Chronik nur ein schwaches Verdienst zuerkannt werden sollte.

Maria Theresia war eine Tochter Kaiser Karl des VI. und Elisabeth Christinens von Braunschweig-Wolfenbüttel, geboren zu Wien den 13. Mai 1717 und vermält mit Franz Stephan, Herzog von Lothringen.

Nachdem ihr Vater Karl VI. schon vor ihrer Geburt durch die pragmatische Sanktion *) bestimmt hatte, daß ihm seine Töchter in Ermanglung männlicher Successoren, früher, als die Töchter seines älteren Bruders Joseph des I. folgen sollten, so bestieg sie auch nach dem Tode ihres Vaters am 26. Oktober 1740 den Thron der österreichischen Erblande.

Gleich nach diesem Regierungsantritte weigerten sich aber Baiern, der Kurfürst von Köln, und das Haus Pfalz, sie als Erbin von Oesterreich und Böhmen anzuerkennen. Auch Preußen machte gleichzeitig Ansprüche auf einen Theil von Schlesien geltend, und fiel — die Schwäche und Verlegenheit der österreichischen Monarchie benützend — zu Ende des Jahres 1740 in Schlesien ein.

Dadurch wurde nun der österreichische Erbfolgekrieg eröffnet, in welchem Preußen, Baiern, Frankreich, Spanien, und eine Zeit lang auch Sachsen gegen Oesterreich in die Waffen traten.

Die junge Königin ließ aber ihren Muth nicht sinken, und zeigte bei den so vielen Gefahren, die nach ihrem Regierungsantritte hervorgegangen waren, eine außerordentliche Festigkeit und entschlossenen Charakter.

Fast von allen Seiten mit Feinden umringt, von allen Bundesgenossen verlassen, und nur zum Theile von Großbritaniens Subsidien unterstützt, sah Maria Theresia ihren eifrigsten Gegner, den König von Preußen, bereits als Herrn der Hauptstadt Schlesiens, doch ihr frommer, unerschütterlicher Glaube, und der bewunderungswürdige Starkmuth ihrer Seele, gaben ihre gerechte Sache nicht auf, für die fast jede Hoffnung schon verloren schien.

---

*) Kraft dieser weltberühmten Urkunde Kaiser Karl des VI. vom 19. April 1713 ward nicht nur die durch ältere Gesetze eingeführte Untheilbarkeit der österreichischen Erbstaaten bestätigt, sondern auch die Erbfolge der regierenden Dynastie nach den in jeder Linie derselben damals vorhandenen Personen bestimmt. Es ward nämlich festgesetzt, daß in Ermanglung männlicher Descendenten die Succession fallen sollte: 1. auf die Erzherzoginen, Kaiser Karls Töchter. 2. Auf die Erzherzoginen, Kaiser Josephs Töchter, (Kaiser Karls Nichten). 3. Auf die Erzherzoginen, Kaiser Leopolds Töchter, (Kaiser Karls Schwestern), und endlich 4. auf alle abstammende Erben beiderlei Geschlechts, durchaus nach den Grundsätzen der Primogenitur und Lineal-Succession.

Sie ging in dieser bedrängten Lage, im Vertrauen auf Gott, und auf die Liebe ihrer Unterthanen bauend, mit dem damals sechs Monate zählenden Kronprinzen Joseph dem II. auf dem Landtage zu Preßburg in die Versammlung der Stände, hielt daselbst in lateinischer Sprache eine einfache, aber rührende Rede; stellte den anwesenden Magnaten alle Schrecknisse und Gefahren für das Reich vor, und schloß mit der Versicherung, daß ihr einziges Vertrauen nur auf Gott, und dem Edelmuthe der ungarischen Nation beruhe.

Bald darauf wurden mit Hilfe des ungarischen Aufgebots, die Baiern zurückgedrängt, und an demselben Tage München erobert, an welchem Karl Albrecht, Kurfürst von Baiern, als Karl VII. in Frankfurt zum römischen Kaiser gekrönt wurde.

Am 11. Juni 1742 kam auch der Friede zu Breslau zu Stande, und die Franzosen wurden gezwungen, Prag zu räumen, worauf sich dann Maria Theresia am 12. Mai 1743 zur Königin von Böhmen krönen ließ.

Bald trat der König von Preußen wieder als ihr Gegner auf, wo aber der Krieg mit mehreren Wechselfällen fortgeführt wurde.

Inzwischen suchte Maria Theresia die Sachsen von ihren Gegnern abzuziehen, schloß mit diesen, so wie mit England und den Niederlanden am 8. Jänner 1745 zu Warschau eine Quadrupel-Allianz, und hatte auch die Freude — nach dem Tode Karl des VII., und da durch den Frieden von Füssen die Baiern von dem Kriegsschauplatze entfernt waren — ihren Gemal als Franz den I. am 13. September 1745 auf den Kaiserthron erhoben zu sehen.

Nachdem auch mit Preußen der dresdner Friede am 25. December 1745 abgeschlossen war, so blieben nur noch Spanien und Frankreich zu bekämpfen übrig, mit denen endlich am 30. April 1748 der aachner Friede erfolgte.

In den nun folgenden acht Friedensjahren suchte M. Theresia, auf das Wohl ihrer Unterthanen bedacht, ihre Staats-Einkünfte zu vermehren, und ihre Heeresmacht zu verstärken.

Durch Bündnisse mit Frankreich, Rußland, Sachsen, Schweden und dem deutschen Reiche gesichert, bemühte sie sich, Schlesien wieder zurück zu gewinnen, zu Folge dessen dann der siebenjährige Krieg entstand, welcher aber mit dem, am 15. Februar 1763 abgeschlossenen hubertsburger Frieden beendigt ward.

Oesterreich gewann dabei weiter nichts, als daß am 27. März 1764 durch die Wahl von M. Theresiens erstgebornem Sohne, Joseph dem II. zum römischen Könige, die deutsche Kaiserwürde in dem österreichischen Hause befestigt wurde.

Nach dem erfolgten Tode des Gemals M. Theresiens, welcher sie in den tiefsten Schmerz versetzte *), wurde ihr ältester Sohn Joseph II., wie früher ihr Gemal, zum Mitregenten erklärt.

---

*) M. Theresia ging nach dem Tode ihres Gemals bis zu ihrem Lebensende in Trauerkleidung.

M. Theresia beschäftigte sich nun mit dem besten Erfolge, die Einrichtung des Staates zu verbessern, und den Wohlstand ihrer Länder zu erhöhen.

Durch den am 5. Oktober 1772 zu Petersburg geschlossenen Theilungsvertrag von Polen, erhielt sie Galizien und Lodomerien, und bald darauf (1777) erfolgte auch von den Türken die Abtretung eines Theiles der Moldau.

Der am 30. December 1777 erfolgte Tod des Kurfürsten von Baiern gab M. Theresien die Veranlassung, den Kurfürsten von der Pfalz, Karl Theodor, der Baiern geerbt hatte, zur Abtretung dieses Landes nach seinem Tode zu bewegen, allein Friedrich II. widersetzte sich dieser Vergrößerung des Gebietes, und vertheidigte, mit Sachsen verbunden, die Ansprüche des Herzogs von Pfalz=Zweibrücken, worauf dann im Jahre 1778 der bairische Erbfolgekrieg entstand, der aber schon im nächst folgenden Jahre durch den teschner Friedensschluß wieder beendigt ward. Oesterreich verzichtete auf Baiern und erhielt dagegen das Innviertel.

Nach diesem Frieden schloß sich M. Theresia enger an Rußland und Großbritanien an, und verschaffte ihrem vierten Sohne, dem Erzherzoge Maximilian das Kurfürstenthum Köln und das Erzbisthum Münster.

Obgleich M. Theresiens Regierung von häufigen Kriegen beunruhiget, und durch die vielseitige Sorge nach Außen, ihre Wirkung im Inneren bedeutend geschwächt war, so wußte diese kluge Frau die wenigen ganz ungestörten Jahre ihrer Regierung dennoch zum Nutzen und Glücke ihrer Unterthanen segenvoll und wohlthätig zu verwenden.

Sie verbesserte das Militärsystem und gründete für alte und verstümmelte Krieger mehrere Invalidenhäuser, stiftete und verbesserte Schulen, Universitäten und Akademien, schützte die Gewerbe, und beförderte den Ackerbau; verbesserte die Rechtspflege, und verbot die Anwendung der Folter.

Gleichfalls sorgte sie auch mit mütterlicher Vorsicht für die Arbeitsunfähigen, durch die Errichtung zahlreicher Versorgungs= und Unterstützungsanstalten. Während des siebenjährigen Krieges stiftete sie zum Andenken an den Sieg bei Kolin, den militärischen M. Theresien=Orden, errichtete, so wie dieses ein Ehrenkreuz für tapfere Krieger ist, ein anderes für verdienstvolle Staatsmänner, welches den Namen des heiligen Stephan, Königs von Ungarn erhielt, und erneuerte dann später den von ihrer Mutter gestifteten Elisabeth=Orden für altgediente Officiere.

M. Theresia genoß aber nicht lange mehr die Früchte des letzt abgeschlossenen teschner Friedens, nachdem eine Brustkrankheit, welche sie am 20. November 1780 befiel, nach 9 Tagen ihrem glorwürdigen Streben ein zu frühes Ziel setzte.

Nach ihrem Tode hinterließ sie Oesterreich mächtig und geehrt, welches Erbtheil, als sie an die Regierung kam, auf dem Punkte zu zerfallen stand.

Ihr öffentlicher Charakter, ihre Seelenstärke, ihr Muth in Gefahren, und endlich die Sorge für ihre Unterthanen verschafften ihr den Beinamen: die Große und Allgeliebte.

Im Privatleben war sie sanft gegen ihre Umgebungen; liebend gegen ihren Gatten, und eine zärtliche Mutter ihrer Kinder.

Ihr Gemal war **Franz Stephan**, ein Sohn des Herzogs **Leopold** (Jos. Karl) von **Lothringen** und **Bar**, und der **Elisabeth** (Karolina), einer Tochter **Philipp** des I., Herzogs von Orleans, geboren zu Nancy den 8. December 1708 *).

In seinem zwölften Jahre kam er an den kaiserlichen Hof nach Wien; im Jahre 1729 nahm er von der Erbschaft seines verstorbenen Vaters als **Franz III.** Besitz, übergab aber die Regierung seiner verwittweten Mutter, und nachdem auch bald Frankreichs lang gehegte Wünsche, das schöne Land zu besitzen, sich zeigten, traf er im Jahre 1735 mit diesem Königreiche das Uebereinkommen, daß sein Besitzthum an **Ludwig** des XV. Schwiegervater **Stanislaus Lesczynski**, vormaligen König von Polen, und nach dessen Tode an Frank-reich falle; dagegen aber ihm das Großherzogthum Toskana nach dem Tode des damaligen alten und kinderlosen Besitzers, **Johann Gaston**, dem letz-ten aus dem Hause Medici zu Theile werde.

Am 12. Februar 1736 ward die Vermälung mit M. **Theresia**, und gleich im darauf folgenden Jahre kam er durch den Tod **Johann Gastons** in den Besitz des Großherzogthums Toskana.

Nachdem **Franz** im Jahre 1736 auf **Bar**, und im folgenden auch auf **Lothringen** verzichtet hatte, so behielt er von den uralten Stammbesitzungen seiner Dynastie nur die Grafschaft Falkenstein, den Titel und das Wappen von Lothringen und Bar.

Der neuerworbene Staat Toskana wurde zu einer Sekundogenitur seines Hauses erhoben, in welchem jederzeit der nächstgeborne Prinz der Dynastie und dessen Nachkommen zur Regierung gelangen sollten. (Siehe Nr. 28 und 100.)

Nach der Vermälung mit M. **Theresia** wurde er Reichsgeneral-Feld-marschall und Generalissimus der k. k. Heere, und stand im Jahre 1738 im Kriege gegen die Türken nebst seinem Bruder **Karl** an der Spitze der Armee.

Im Jahre 1740 wurde er von seiner Gemalin M. **Theresia** zum Mit-regenten in sämmtlichen österreichischen Staaten erklärt, und fünf Jahre dar-auf, nach dem Tode **Karl** des VII., auf den deutschen Kaiserthron erhoben.

Seiner Gemalin stand er treulich in den großen Bedrängnissen des österrei-chischen Erbfolgekrieges zur Seite, und ward ein würdiges Vorbild seiner er-habenen Enkel bei der am 4. März 1744 eingetretenen großen Ueberschwemmung zu Wien, wobei er mit größter Lebensgefahr einer der thätigsten Helfer und Retter war.

Kurz vor seinem Tode, welcher den 18. August 1765 durch einen Schlag-fluß erfolgte, als er sich zu Innsbruck bei den Vermälungsfeierlichkeiten sei-nes zweiten Sohnes **Leopold** befand, übertrug er diesem die Nachfolge in Toskana, und schloß somit eine Reihe von 57 Lebensjahren, in welchen er

---

*) Franz Stephan, ein Sproße des alten und berühmten Geschlechtes des Herzogs Etiko in Allemanien und Elsaß, Stifter der Häuser Habsburg und Lothringen, welche durch die Vermälung mit M. Theresia, der Erbtochter Kaiser Karl des VI. auf immer vereint wurden.

durch vielseitig glänzende Eigenschaften den Ruhm eines weisen, aufgeklärten und wohlthätigen Fürsten zurückließ *).

Kinder **).

1. M. Elisabeth, (Amal. Ant. Jos. Gabr. Joh. Agatha) geboren den 3. Februar 1737 und gestorben den 2. Juni 1740.

2. M. Anna, (Jos. Ant. Joh.) Sternkreuz=Ordensdame und Ehrenmitglied der bildenden Künste in Wien, geboren den 6. Oktober 1738. Im Jahre 1766 wurde sie erste Vorsteherin des von ihrer Mutter M. Theresia errichteten adeligen Fräuleinstiftes zu Prag.

Im Jahre 1781 verwechselte sie ihren Aufenthalt mit der Residenz zu Klagenfurt und starb daselbst am 19. Oktober 1789.

Sie hatte eine vorzügliche Liebe zu den Wissenschaften und Künsten, malte und radirte selbst, sammelte eine bedeutende Bibliothek und Mineralien, die nach ihrem Tode größtentheils der Universität zu Pesth zufielen, und beschrieb die unter Kaiserin M. Theresia geschlagenen Denkmünzen.

3. M. Karolina, (Ernest. Joh. Jos.) geboren am 12. Jänner 1739 und gestorben den 25. Jänner 1741.

4. Joseph II., (Bened. Aug. Joh. Ant. Mich. Adam) geboren den 13. März 1741.

Joseph erblickte das Licht der Welt in einer kriegerischen Epoche, und war der hoffnungsvolle Prinz, mit welchem M. Theresia in die Versammlung der ungarischen Reichsstände trat, um sie zur Vertheidigung der Rechte ihres jungen Königs aufzufordern.

Schon in früher Jugend entwickelte Joseph einen außerordentlichen Scharfsinn, welcher bei den Einflüssen einer Mutter, wie M. Theresia war, in einer von der Natur für das Große empfänglich geschaffenen Seele, sich immer mehr und mehr ausbilden mußte.

Eben so trugen auch seine frühen Reisen durch Italien, Ungarn, Rußland und Frankreich sehr viel zur Vervollkommnung seiner Ideen bei. Er durchreiste auch einen großen Theil der österreichischen Staaten, untersuchte den Zustand des Landes, der Truppen, der Festungswerke, des Handels und des Ackerbaues.

In Kroatien entwarf er den Plan zur Anlegung einer Heerstraße von Zeng bis Karlstadt, berichtigte die österreichischen Grenzen nach Venedig zu, ließ in Böhmen dem preußischen Generale Schwerin ein Denkmal errichten, und sorgte während einer Hungersnoth für die Zufuhr des Getreides.

---

*) In dem kaiserlichen Hofgarten nächst der Burg befindet sich die Statue Franz des I. römischen Kaisers in Lebensgröße; in spanischer Mannskleidung zu Pferde, aus weichem Metalle von Balth. Moll verfertiget.

**) Königliche Prinzen und Prinzessinnen von Ungarn und Böhmen, Erzherzoge und Erzherzoginnen von Oesterreich.

Unter dem Namen Graf Falkenstein besuchte er Friedrich den Gro=
ßen in seinem Lager bei Neisse, worauf im folgenden Jahre ihm der
große König einen Gegenbesuch im Lager bei Mährisch=Neustadt abstattete.
In demselben Jahre unternahm Joseph auch eine Reise nach Italien,
wo er alle Merkwürdigkeiten, die diese Wiege der Künste und Wissenschaf=
ten in sich schließt, in hohen Augenschein nahm.
Im Jahre 1777 reiste er von Brüssel aus, nach Paris und Lyon und drei
Jahre darauf nach Moskau.
Schon am 3. April 1764 wurde Joseph römischer König, und nach dem
Tode seines Vaters römischer Kaiser; auch zugleich von seiner Mutter zum
Mitregenten in den österreichischen Staaten erklärt.
Als er endlich nach dem Tode seiner Mutter in den österreichischen Erbstaa=
ten die Alleinregierung erhalten hatte, ging er mit großer Thätigkeit bei
der Einführung längst schon beschlossener Reformen zu Werke.
Er errichtete ein Kabinet von einigen Beamten, mit welchen er ununter=
brochen arbeitete, hob die besondere Gerichtsbarkeit auf, theilte die Mo=
narchie in 13 Regierungsbezirke, die unter einem Hauptgerichtshofe zu
Wien standen, führte eine neue Prozeßordnung ein, schaffte die Todesstra=
fen ab, und ließ an einem neuen Gesetzbuche arbeiten, welches für alle
Länder des österreichischen Staates geltend seyn sollte.
Zugleich hob er auch die Verbindung der geistlichen Orden mit Rom auf,
verminderte theilweise die Pensionen, schenkte den Juden mehr Duldung,
zog viele Nonnen= und Mönchklöster ein, schaffte die Leibeigenschaft ab, und
beschränkte die Lehensrechte.
Zur Beförderung des Kunstfleißes und des Handels wirkte er eben so Vie=
les. Er legte Häfen an, baute Kunststraßen und Kanäle, schloß Handels=
verträge, und gab den Handwerkern und Fabrikanten Geldvorschüsse.
Alle diese Neuerungen, welche von Joseph zweckmäßig bewerkstelligt, und
dem landesväterlichen Interesse ersprießlich schienen, wurden nun schnell
realisirt. — Da aber ohne Rücksicht auf das schon Bestandene, dadurch
große Veränderungen eingeführt wurden, so trat auch ein vielseitiges Miß=
vergnügen ein, wodurch dasjenige, was segensreiche Früchte bringen sollte,
oft mächtigen Widerstand fand. So kam es denn, daß Joseph mit den
Holländern im Jahre 1784 über die, seinen niederländischen Unterthanen
eröffnete freie Schifffahrt auf der Schelde durch Entschädigungssummen in
Differenzen gerieth.
Eben so scheiterten auch die Unterhandlungen über die Vertauschung Baierns
gegen die Niederlande an dem von Friedrich dem II. im Jahre 1785 ge=
stifteten deutschen Fürstenbunde.
Die zu raschen Veränderungen gaben auch die Veranlassung zu einem Bau=
ernaufstande in Siebenbürgen, bei welchem viele Edelhöfe und Dörfer zer=
stört wurden.
In den Niederlanden brach gleichfalls eine Empörung aus, die zwar schein=
bar gedämpft schien, deren Ende er aber nicht mehr erlebte. Auch der nach

einem vorhergeschlossenen. Bündnisse mit der Kaiserin Katharina von Rußland angefangene Türkenkrieg mißglückte ebenfalls.

Laudon stellte wohl nach der Abwesenheit Josephs durch mehrere Siege, und endlich durch die Eroberung von Belgrad die Ehre der österreichischen Waffen wieder her, allein Joseph hatte nach seiner Rückkehr weder Freude noch Gewinn davon, nachdem das im Jahre 1789 eingeführte Steuergesetz unter den Bauern Unzufriedenheit erregte, und auch in den Niederlanden sich wieder neue Empörungen entwickelten.

In Ungarn zeigten sich ebenfalls vom Neuen Unruhen, so wie auch in Tirol. Der Kaiser, unzufrieden und krank, sah sich nun genöthiget, viele seiner Einrichtungen wieder aufzuheben, und mit mehreren längst beschlossenen Reformen inne zu halten.

Unter diesen Umständen nahm auch seine Krankheit immer mehr zu, und wirkte bei jeder neu eingegangenen Nachricht aus den Niederlanden und Ungarn durch Kummer vermehrt, um so schneller auf sein Lebensende.

Joseph schied von dem Leben am 20. Februar 1790 im 49. Jahre seines Alters.

Eintracht des Staates von Innen und nach Außen, war das Streben und der Schlußstein seiner großen und öffentlichen Laufbahn, ja der Zweck seines ganzen Lebens.

Jede seiner Handlungen trug, wie sein Siegelring und seine Münzen, das Gepräge seines bedeutungsvollen Wahlspruchs — »Virtute et exemplo.« Er leuchtete vor und trieb an, und scheuete nichts, wo das Gute wirkte. Er war großmüthig mit seinem Privatgute und haushälterisch mit dem Staatsvermögen.

Er achtete Vergehungen gegen seine Person für gering, und glaubte bei Vergehungen gegen den Staat nicht strenge genug handeln zu können.

Er lebte einfach, anspruchlos und entfernte allen äußeren Prunk, so viel es mit seiner hohen Stellung verträglich war *).

Seine erste Gemalin war M. Isabelle, (Ludov. Ant.) eine Tochter des Herzogs Philipp von Parma, Infanten von Spanien, geboren zu Parma den 31. December 1741, und vermält erst durch Prokuration zu Parma den 7. September, dann in Person zu Wien den 6. Oktober 1760. Sie starb, von ihrem Gemale zärtlich geliebt, im zweiten Wochenbette nach der Geburt ihrer Prinzessin M. Christina am 27. November 1763.

Die zweite Gemalin war M. Josepha, (Ant. Waldb. Felic. Regula) eine Tochter des römischen Kaisers Karl des VII., Herzogs und Kurfürsten in Baiern, geboren zu München am 20. März 1739 und vermält erst durch Prokuration zu München den 13. Jänner, dann in Person zu Wien im k. k. Lustschlosse zu Schönbrunn am 22. desselben Monats 1765.

---

*) Das Denkmal Kaiser Joseph des II. ließ weiland Kaiser Franz I. errichten, und besteht in der kolossalen Bildsäule Josephs zu Pferde sitzend, in Bronze gegossen von Zauner, auf dem Josephsplatze aufgestellt.

Auch diese zweite Gemalin lebte nicht lange, nachdem sie schon am 22. Mai 1767 an den Blattern erkrankte, und nach Verlauf von acht Tagen verschied.

Kinder *)
aus der ersten Ehe.

17. **M. Theresia,** (Elisab. Ludov. Jos. Joh.) geboren den 20. März 1762 und gestorben den 23. Jänner 1770.

18. **M. Christina,** geboren und gestorben den 22. November 1763.

5. M. Christina, (Joh. Jos. Ant.) Sternkreuz=Ordensdame, geboren zu Wien den 13. Mai 1742 und vermält zu Schloßhof an der March nächst der ungarischen Grenze am 8. April 1766 mit **Albert** (Aug. Mor. Kasim.) königlichen Prinzen in Polen und Lithauen, dann Herzog von Sachsen= Teschen ꝛc. Ritter des spanischen goldenen Vließes, Großkreuz des königli= chen ungarischen St. Stephans = und des kaiserlichen Leopold-Ordens, G. E. E. K. k. k. Feldmarschall, Inhaber des k. k. Küraffier = Regiments Nr. 3. und eines königl. sächsischen Chevaux-Legers=Regiments.

Albert wurde geboren zu Morizburg bei Dresden den 11. Juli 1738, und war ein Sohn des Königs **August** des III. von Polen.

Mit seiner Gemalin M. **Christina** erhielt er als Mitgift das Fürsten= thum Teschen in österreich. Schlesien, worauf er den Titel Herzog von Sachsen=Teschen führte, und nach dem Tode **Karl Alexanders,** Herzogs von Lothringen, die Statthalterwürde über die Niederlande vom Jahre 1781 bis 1793.

Der Aufruhr der Brabanter nöthigte ihn, im Jahre 1789, nachdem alle zur Dämpfung derselben getroffene Maßregeln gescheitert waren, Brüssel zu verlassen, doch kehrte er bald darauf wieder an der Spitze eines Heeres zurück. Im Revolutionskriege befehligte er die Belagerung von Lille, nachdem er aber selbe aufgehoben, und mit Beaulieu bei Jemappes am 6. November 1792 geschlagen worden, zog er sich im nächsten Jahre ganz in das Pri= vatleben nach Wien zurück, und ließ hier seinen Pallast auf der Augusti= ner = Bastei vergrößern, und prachtvoll meubliren; vermehrte glühend für Kunst und Wissenschaft mit dem unermüdeten Eifer und dem größten Ko= stenaufwande seine, in allen Welttheilen mit hohem Rechte berühmte Sammlung von Originalhandzeichnungen, Kupferstichen und Bildern, und bestimmte nach seinem Tode den Erzherzog **Karl Ludwig** als Erben. (Siehe Nr. 30.) Seine Gemalin verlor **Albert** durch den Tod schon am 26. Juni 1798, allgemein betrauert.

Ihre körperliche Schönheit, so wie ihr gebildeter Geist und ihre Liebe zur Wohlthätigkeit machten sie zu einer der ersten Frauen ihrer Zeit **).

---

*) Königliche Prinzen und Prinzessinen von Ungarn und Böhmen, Erzherzoge und Erzherzoginen von Oesterreich.

**) Die verstorbene Erzherzogin M. Christina faßte zuerst den großmüthigen Gedanken, für die höher gelegenen weitläufigen Vorstädte Wiens, welche von jeher Mangel an

Albert starb zu Wien den 10. Februar 1822.

Kind.

19. ungenannt, geboren und gestorben 1767.

6. M. Elisabeth, (Jos. Joh. Ant.) Sternkreuz-Ordensdame, geboren den 13. August 1743. Nach dem Tode ihrer Mutter M. Theresia begab sie sich nach Innsbruck, und wurde daselbst Aebtissin in dem k. k. Damenstifte vom Jahre 1781 bis zum Jahre 1806. Sie starb den 22. September 1808.

7. Karl Joseph, (Eman. Joh. Nep. Ant. Prok.) Ritter des goldenen Vließes, und Inhaber eines Infanterie-Regiments, geboren zu Wien den 1. Februar 1744 und gestorben den 18. Jänner 1761.

8. M. Amalia, (Jos. Ant.) geboren zu Wien den 26. Februar 1746 und vermält erst durch Prokuration zu Wien den 27. Juni, und dann in Person zu Colorno den 19. Juli 1769 mit Ferdinand dem I. von Bourbon, Infant von Spanien, Herzog von Parma, und Enkel König Philipp des V. von Spanien; Ritter des goldenen Vließes, des heil. Geist- und St. Januarius-Ordens, dann Großkreuz des spanischen Ordens von Karl dem III., geboren den 20. Jänner 1751, und gestorben den 6. Oktober 1802.

Ferdinand trat im Jahre 1765 die Regierung von Parma, Piacenza und Guastalla an, verlor aber seine Staaten in der französischen Revolution, und erhielt solche erst wieder durch eine besondere Konvention zurück, worauf er dann bis zu seinem Tode davon im Besitze blieb.

M. Amalia lebte als Wittwe seit dem Jahre 1802, und starb dann den 18. Juni 1804.

Kinder.

20. Karolina, (Mar. Theres.) geboren den 22. November 1770 und vermält am 9. Mai 1792 mit Maximilian, (Mar. Jos.) königl. Prinzen von Sachsen, geboren den 13. April 1759.

(Siehe Genealogie im Anhange von Sachsen.)

Karolina starb am 1. März 1804, und Maximilian vermälte sich zum zweiten Male im Jahre 1825 mit M. Ludovika (Karol.) einer Schwester des regierenden Herzogs von Lucca.

(Siehe Nr. 81 und die Genealogie im Anhange von Spanien.)

Am 13. September 1830 verzichtete Maximilian auf die Nachfolge der Krone von Sachsen zu Gunsten seines ältesten Sohnes.

Wasser litten, und dessen Entbehrung oft schmerzlich fühlten, eine Wasserleitung anzulegen. Sie machte zu diesem Endzwecke in ihrem Testamente ein Legat, welches Herzog Albert, mit der ihm eigenen und unbegrenzten Freigebigkeit auch bald ausführen ließ. Das Grabmahl der Erzherzogin welches sich zu Wien in der Hofpfarrkirche bei den Augustinern befindet, ist von der Meisterhand des berühmten Bildhauers Ritter Canova allegorisch dargestellt.

Kinder
aus der ersten Ehe.

73. **M. Amalia** (Frid. Aug.), geboren den 10. August 1794.

74. **M. Anna** (Ferd. Amal.), geboren den 27. April 1796 und vermält als zweite Gemalin mit Ferdinand, Großherzog von Toskana. Sie war Wittwe seit 18. Juni 1824.
(Siehe Nr. 28.)

75. **Friedrich August** (Albert), geboren den 18. Mai 1797 und Mitregent seit 13. September 1830, folgte seinem Oheime, dem Könige Anton, den 6. Juni 1836.
Seine erste Gemalin war Karolina, Erzherzogin von Oesterreich ꝛc. (Siehe Nr. 93.)
Seine zweite Gemalin ist M. Anna (Leop.), eine Tochter des verstorbenen Königs Maximilian (Joseph) von Baiern, geboren den 27. Jänner 1805, und Zwillingsschwester der Erzherzogin Sophie ꝛc. (Siehe Nr. 94.) Mit ihr vermält den 24. April 1833.
(Siehe Genealogie im Anhange von Baiern.)

76. **Klemens** (Maria), Großkreuz des sächs. CivilVerdienst, und Ritter des RautenkronOrdens, königl. sächs. Oberst der Kavallerie und Inhaber eines UhlanenRegiments, geboren den 1. Mai 1798 und gestorben 1822.

77. **M. Anna** (Karol.), geboren den 15. November 1799, und vermält mit Leopold dem II., Großherzog von Toskana. (Siehe Nr. 100.) Sie starb den 24. März 1832.

78. **Johann Nep.** (Mar. Jos.), geboren den 12. December 1801, und vermält erst durch Prokuration den 10., dann in Person den 21. November 1822 mit der königlichen Prinzessin Amalia Augusta von Baiern, geboren den 13. November 1801.
(Siehe Genealogie im Anhange von Baiern.)

Kinder.

163. **M. Augusta** (Fried. Karol. Ludov. Amal. Maxim. Franz. Nepom. Xav.), geboren den 22. Jänner 1827.

164. **Friedrich August** (Alb. Ant. Ferd. Jos. Karl. Mar. Bapt. Nep. Wilh. Xav. Georg Fidel.), geboren den 23. April 1828.

165. **M. Elisabeth** (Max. Ludov. Amal. Franz. Sophia Leop. Anna Bapt. Xav. Nep.), geboren den 4. Februar 1830.

166. **Ernst** (Ferd. Wilh. Ludw. Ant. Nep. Mar. Bapt. Xav.), geboren den 5. April 1831.

167. **Friedrich August** (Georg), geboren den 8. August 1832.

168. **M. Sidonia**, geboren den 16. August 1834.

169. **Anna Maria**, geboren den 4. Jänner 1836.

79. **M. Josepha** (Amalia), geboren den 6. December 1803, und vermält als dritte Gemalin durch Prokuration den 28. August und in Person den 20. Oktober 1819 mit König Ferdinand den VII. von Spanien. Sie starb den 27. Mai 1829.

(Siehe Genealogie im Anhange von Spanien, dann Nr. 53 und 129 die erste und vierte Gemalin.)

21. **Ludwig,** geboren den 5. Juli 1773. Dieser erhielt statt des ihm abgenommenen Herzogthumes Parma, das Königreich Hetrurien, und ward vermält am 25. August 1795 mit M. Ludovika, einer Tochter des Königs Karl des IV. von Spanien, Sternkreuz-Ordens-dame, geboren den 6. Juli 1782 und gestorben den 13. März 1824. Ludwig starb schon am 27. Mai 1803. (Siehe Genealogie im An-hange von Spanien.)

Kinder.

80. **Karl Ludwig** von Bourbon, Infant von Spanien, Her-zog von Lucca, Großkreuz des königl. ungar. St. Stephan-Or-dens ꝛc., geboren den 23. December 1799, und vermält den 15. Au-gust 1820 mit der königlichen Prinzessin von Sardinien M. The-resia (Ferd.) (Siehe Nr. 156.)

Karl folgte seinem Vater in Hetrurien unter der Vormundschaft seiner Mutter bis zum Jahre 1807, wo ihm dann selbes von dem damaligen Kaiser Napoleon abgenommen wurde.

Erst bei dem pariser Friedensschluße vom Jahre 1814 erhielt er das Großherzogthum Lucca, und trat daselbst nach dem Tode seiner Mut-ter die Regierung an.

Zu Folge eines späteren Vertrages hat er auch nach dem Tode der je-tzigen Besitzerin M. Ludovika, Erzherzogin von Oesterreich ꝛc. Siehe Nr. 86.) das Herzogthum Parma, Piacenza und Guastalla zu erhalten, das Großherzogthum Lucca fällt aber sodann an Tos-kana zurück.

Kinder.

170. **Ludovika** (Franziska de Paula, Anna Mar. Theres.) geboren den 29. Oktober 1821, und gestorben den 8. Septem-ber 1823.

171. **Ferdinand** (Jos. Mar. Karl Vikt.) geboren den 14. Jänner 1823.

81. **M. Ludovika** (Karol.), geboren den 1. Oktober 1802 und vermält durch Prokuration zu Lucca den 15. Oktober, dann in Per-son zu Dresden den 7. November 1825 als zweite Gemalin mit Maximilian (Mar. Jos.), königl. Prinzen von Sachsen.

(Siehe Nr. 20 die erste Gemalin.)

22. **M. Antonia** (Josepha), geboren den 28. November 1774.

23. **M. Karolina** (Ferd.), geb. den 7. Sept. 1777 gest. 1825.

24. **Philipp** (Mar. Lud. Franz), geboren den 22. Mai 1783 und gestorben im Monate Juni 1786.

25. **M. Ludovika,** geboren am 17. April 1787 und gestorben den 22. November 1789.

9. Leopold II. (Pet. Valent. Jof. Ant. Joach. Pius Gotth.), geboren den 5. Mai 1747.

Schon in früher Jugend äußerte Leopold einen tiefforschenden und scharfsinnigen Geist.

Das Natur = Staats = und Kirchenrecht reizte besonders seine Wißbegierde und der Erfolg zeigte, daß diese Wissenschaften von ihm gründlich studirt worden sind.

Nachdem Kaiser Franz I. in seinem letzten Willen festgesetzt hatte, daß das Großherzogthum Toskana als sein eigenthümliches Erbland von den Ländern seiner Gemalin getrennt, und seinem zweiten Sohne Leopold zur Errichtung eines neuen großherzoglichen Hauses übergeben werden sollte, so übernahm er nach dem Tode seines Vaters die Regierung von Toskana. Gleich bei diesem Regierungs = Antritte zeichnete er sich als ein trefflicher Regent und als ein wahrhafter Vater seiner Unterthanen aus.

Er ließ die Sümpfe des Arno und andere Gewässer austrocknen, gab den Korn = und Seidenhandel frei, und traf noch mehrere nützliche Einrichtungen zur Hebung des Ackerbaues, der Viehzucht, des Handels, der Gewerbe, der Künste und Wissenschaften.

Nach dem Tode seines Bruders Joseph des II. übernahm er den 20. Februar 1790 die Regierung der österreichischen Erbstaaten, aber unter den schwierigsten Umständen.

Ein Theil der Unterthanen hatte sich empört, bei dem anderen Theile drohte das Mißvergnügen im offenbaren Aufruhre auszubrechen, der Türkenkrieg war unbeendigt, und die Preußen drohten in Schlesien einzufallen.

Leopold liebte zwar den Krieg nicht, aber die drangvollen Verhältnisse nöthigten ihn, sich zu rüsten, um mit Preußen auf bessere Bedingungen unterhandeln zu können.

Hierauf wurde auch im Jahre 1790 mit diesem Königreiche der Vertrag zu Reichenbach, und im Jahre 1791 der Friede mit der Pforte zu Szistowa abgeschlossen, wodurch Belgrad zurückgegeben, dagegen aber der Distrikt von Alt = Orsowa erlangt wurde.

Inzwischen versäumte Leopold nicht, auch die Gemüther im Innern seiner Länder zu beruhigen.

Er hob das allgemeine Priesterseminarium auf, schaffte die neue Steuerregulirung, und die drückenden Einfuhrsverbote ab; stellte die Handelsbeschränkungen ein; verbot alle Willkür der Justiz und Polizei, und verbesserte die Lehranstalten.

Nach langen Bemühungen beruhigte er auch die mißvergnügten Ungarn, erwarb sich auf dem Reichstage zu Ofen ihre ungetheilte Liebe, verlegte den Ort der Krönung von Ofen nach Preßburg, und ließ sich allda am 15. November 1790 zum Könige von Ungarn krönen.

Am 30. September 1790 wurde er zu Frankfurt am Main einstimmig zum römischen Kaiser erwählt, und allda am 9. Oktober desselben Jahres gekrönt; auch zu Prag ging am 6. September des folgenden Jahres die Krönung als König von Böhmen vor sich.

Leopold bot zwar Alles auf, auch die Niederländer zu beruhigen, allein es gelang seinen klugen Vorkehrungen nicht, die dortigen Gährungen zu dämpfen, und dieses Land zu seinem alten Gehorsame wieder zurück zu bringen.

Bei dem Ausbruche der französischen Revolution, und der Mißhandlungen der königlichen Familie, schloß Leopold mit dem Könige von Preußen ein Bündniß, in Folge dessen beide Monarchen Truppen gegen Frankreich vorrücken ließen.

Leopold erlebte aber die Ausführung gegen den Ausbruch der französischen Feindseligkeiten und die unwürdige Behandlung seines Schwagers Ludwig des XVI. nicht mehr, indem er nach einer kaum dreitägigen Krankheit am 1. März 1792 allgemein betrauert von diesem Leben schied.

Seine Gemalin war M. Ludovika, eine Tochter Karl des III. Königs von Spanien, höchste Schutzfrau des Sternkreuz-Ordens, geboren den 24. November 1745, und vermält erst durch Prokuration zu Madrid den 16. Februar 1764, dann in Person zu Innsbruck den 5. August 1765. Sie starb bald nach dem Tode ihres Gemals am 15. Mai 1792.

Kinder*).

26. **M. Theresia** (Jos. Karol. Joh.), Sternkreuz-Ordensdame, geboren den 14. Jänner 1767, und vermält als zweite Gemalin erst durch Prokuration den 8. September, und dann in Person den 18. Oktober 1787 mit Anton (Klem. Theod.), König von Sachsen, Ritter des goldenen Vließes, und weißen Adler-Ordens, geboren den 27. December 1755, und gestorben 1836. (Siehe Genealogie im Anhange von Sachsen 2.)

Anton folgte den 5. Mai 1827 seinem Bruder dem Könige Friedrich August, und erklärte am 13. September 1830 seinen Neffen Prinz Friedrich August zum Mitregenten. (Siehe Nr. 75 und 93.)

Seine erste Gemalin war M. Karolina Antonia, Prinzessin von Sardinien, geboren den 17. Jänner 1764, mit ihr vermält den 24. Oktober 1781 und gestorben den 23. December 1782.

M. Theresia starb den 7. November 1827.

---

*) Kaiserliche Prinzen und Prinzessinnen, Erzherzoge und Erzherzoginnen von Oesterreich.

Kinder

aus der zweiten Ehe.

82. M. Ludovika (Aug. Fried.), geboren den 14. März 1795, und gestorben den 25. April 1796.

83. M. Johanna (Ludov. Anna Amal.), geboren den 5. April 1798, und gestorben den 30. Oktober 1799.

84. M. Theresia, geboren den 15., und gestorben den 16. Oktober 1799.

27. Franz (Joseph Karl), als römischer Kaiser II., als Kaiser von Oesterreich I., geboren zu Florenz den 12. Februar 1768.

Seine erste Erziehung erhielt er zu Florenz unter den Augen seines Vaters, und kam dann an den kaiserlichen Hof nach Wien, wo der Großoheim Kaiser Joseph II. die Vollendung seiner Bildung übernahm. In der Schule dieses unvergeßlichen Monarchen Joseph, als nächster Zeuge seiner großen Entwürfe und Reformen, wie auch des theilweisen Mißlingens derselben, bildeten sich seine erhabenen Eigenschaften zum schönsten Einklange.

Im Jahre 1788 begleitete Franz seinen Oheim in den Türkenkrieg, und im folgenden Jahre, als Kaiser Joseph, seiner kränklichen Umstände wegen, das Heer verlassen mußte, übernahm er selbst unter der Leitung Laudons den Oberbefehl. Nach dem Tode seines Vaters Leopold des II., trat er am 1. März 1792 die Regierung der österreichischen Erblande an, worauf am 25. April 1792 Oesterreich seine Huldigung darbrachte. In demselben Jahre, am 6. Juni, geschah auch die feierliche Krönung zu Ofen, als König von Ungarn; am 14. Juli zu Frankfurt am Main als römischer Kaiser, und am 9. August zu Prag als König von Böhmen.

Seine Regierung begann — so wie die vielen seiner Ahnherren — mit Kriegen; und gleich Friedrich dem Streitbaren war er eine lange Reihe von Jahren in immerwährenden und unermüdeten Widerstand verwickelt. Schon im Monate April 1792 erklärte der französische National-Konvent dem Kaiser, als Könige von Ungarn und Böhmen, den Krieg, und man machte den Anfang mit einem Einfalle der koalisirten Armee in Lothringen.

Gleichzeitig wurden auch die österreichischen Niederlande von den Republikanern nach der Schlacht bei Jemappes besetzt, später zwar von den Oesterreichern wieder erobert, so wie von Prinz J. v. Koburg in das französische Nord-Departement eingedrungen, und mehrere Festungen abgenommen.

Auch im Feldzuge vom Jahre 1794 siegte die Koalition, worauf Tournay und Fleures Belgien räumten. Mittlerweile griff Pichegru Holland an, eroberte es, und erklärte solches zur batavischen Republik. Nunmehr verließen erst Toskana, Preußen, später auch Spanien und

Hessen die Koalition, worauf dann die Waffen ruhten. Im Septem=
ber 1795 gingen die Oesterreicher bis Düsseldorf und Mannheim über
den Rhein; **Jourdan** vom Mittelrheine aus nach Franken, und **Moreau**
vom Oberrheine aus, nach Schwaben vor.

Ersterer wurde von dem Erzherzoge Karl, der das Kommando über=
nommen hatte, geschlagen, und beide an den Rhein zurück gedrängt.

Während dessen hatte Napoleon in Savoyen und Piemont die Oester=
reicher und Sardinier in mehreren Gefechten besiegt; Sardinien zum
Separatfrieden genöthiget, und sich dann mit größter Schnelle in Nord=
Italien vorgedrängt. Nur Mantua hielt ihn auf, da aber auch diese
Festung gefallen war, drang Napoleon selbst in Oesterreich ein, und
rückte bis Leoben vor, wo endlich am 17. April 1797 ein Präliminar=
friede erfolgte, der durch den zu Campo Formio bestätigt wurde.
Bei diesem Friedenschluße trat Oesterreich alle seine Besitzungen auf
dem linken Rheinufer, nämlich: die österreichischen Niederlande, so wie
Mailand und Mantua an Frankreich, und Breisgau an den Herzog
von Modena ab, und erhielt dafür die ganze ehemalige Republik Vene=
dig — die, wie das ganze Ober=Italien von Frankreich erobert, und
zur Republik umgewandelt war — bis an den Mincio.

Zu Rastadt sollte der Friede mit dem deutschen Reiche unterhandelt
werden, der aber nicht zu Stande kam, daher im Jahre 1799 der allge=
meine Krieg wieder begann, in welchem Neapel den Kampf eröffnete.

Das damalige französische Ministerium erklärte dem Könige von Sar=
dinien den Krieg, zwang ihn Piemont abzutreten, und eroberte Neapel.
Auch drangen die Franzosen in Deutschland und Italien vor, wurden
aber allenthalben geschlagen. Im Jahre 1799 wurden die mit Oester=
reich verbundenen Russen von ihrem Kaiser zurück berufen, und die da=
durch geschwächten Oesterreicher begnügten sich, gegen Genua und Nizza
vorzurücken; aber der aus Aegypten zurück gekehrte Napoleon kam
den Oesterreichern, indem er über den Simplon die Alpen überschritt,
in den Rücken, griff sie im Monate Juni 1800 an, schlug sie bei Ma=
rengo entscheidend, und nöthigte sie zu einer Kapitulation, wodurch sie
alle Festungen Italiens räumten, und sich bis an den Mincio zurück zogen.

Gleichzeitig war auch die Rheinarmee unter **Moreau** in Deutschland
eingedrungen, worauf dann im Jahre 1801 der Friede zu Lüneville
zwischen Oesterreich, dem deutschen Reiche und Frankreich erfolgte.

Die Bedingungen blieben ziemlich dieselben, wie jene bei Campo For=
mio, nur mit der Ausnahme, daß die Etsch in Italien die Grenze zwi=
schen der cisalpinischen Republik und Oesterreich machte, und Letzteres
Tirol, Trient und Brixen — so wie es schon während des Krieges,
bei der dritten Theilung Polens, Westgalizien erhalten hatte — bekam.

Obwohl durch die langen Kriege die Kräfte Oesterreichs bedeutend er=
schöpft seyn mußten, so gab Kaiser Franz dennoch den Muth nicht
auf, sein Reich wieder zur Blüte zu bringen.

2 *

Es wurden daher die kräftigsten Maßregeln zur Hebung der Industrie und zur Beförderung alles Uebrigen getroffen, was den Staat heben, und die Armee in den Stand setzen konnte, um bei einem etwa neuerdings wieder ausbrechenden Kriege, mit Erfolg auftreten zu können.

Nachdem sich bei der, wegen Regulirung der Verhältnisse des deutschen Reiches zusammen gesetzten Reichsdeputation im Jahre 1803 der französische Einfluß zu sichtbar zeigte, und daher eine baldige Auflösung des deutschen Reiches zu erwarten war, auch Napoleon sich zum Kaiser der Franzosen ernannte, so erklärte sich am 11. August 1804 Kaiser Franz aus eigener Macht zum Erbkaiser von Oesterreich, und vereinigte seine sämmtlichen Staaten unter dem Namen eines Kaiserthums Oesterreich zu einem abgeschlossenen Staate.

Um den neuerlichen Anmaßungen Napoleons entgegen zu treten, griff im Jahre 1805 Kaiser Franz, verbunden mit England und Rußland neuerdings zu den Waffen; allein auch dieser Feldzug, wo die Oesterreicher bereits bis Schwaben vorgedrungen waren, fiel durch die strategische Umgehung des rechten österreichischen Flügels, durch die Gefangennehmung des Generals Mack mit seinem Korps bei Ulm, und nachdem auch andere Korps an mehreren Orten geschlagen wurden, für Oesterreich unglücklich aus.

Napoleon drang siegreich vor, verband sich mit Baiern, zwang auch Würtemberg und Baden beizutreten, rückte in Wien ein, überschritt hier die Donau, drängte die Russen zurück, und schlug endlich diese sammt den Oesterreichern bis Austerlitz, wodurch die von dem Erzherzoge Ferdinand d'Este bei Iglau, und die von dem Erzherzoge Johann in Italien errungenen Vortheile ohne Erfolg waren.

Am 26. December 1805 wurde hierauf zu Preßburg der Friede geschlossen, bei welchem Venedig, Burgau, Eichstädt, Passau, Tirol, Vorarlberg, mehrere Besitzungen im Reiche, so wie Breisgau, Konstanz und Meinau von Oesterreich abgetreten wurden.

Durch eben diesen Friedenschluß entstand auch unter dem Protektorate Napoleons am 12. Juli 1806 der Rheinbund, worauf dann Kaiser Franz die deutsche Kaiserwürde am 6. August 1806 niederlegte.

Für alle diese vorgenannten Abtretungen erhielt Oesterreich nur Salzburg und Berchtesgaden, und der Kurfürst von Salzburg statt dessen Würzburg. Kaiser Franz, der nunmehr den Titel als Kaiser Franz I. von Oesterreich führte, suchte nun durch alle mögliche Anstrengung sein Heer zu retabliren, schaffte die Käuflichkeit der Officiersstellen ab, und errichtete eine allgemeine Bewaffnung unter dem Namen Landwehre. Mit dieser Hilfe, und des einzigen Alliirten, nämlich Englands und des insurgirten Spaniens, trat er im Jahre 1809 gegen Napoleon wieder kampffertig auf. Dieser aber eilte herbei, schlug die nach Baiern vorgedrungenen Oesterreicher bei Abensberg, Landshut, Regensburg u. s. w. drang nach Oesterreich vor, und bemächtigte sich der Refidenzstadt Wien. Nach den Schlachten bei Aspern und Wagram, deren Resultate für Oesterreich nicht glücklich ausfielen, ja da selbst Rußland in Galizien Angriffe machte, und in Deutschland zu Gunsten Oesterreichs keine bedeutende Bewegungen Statt fanden; dann die deutschen Staaten, Sachsen, Westphalen mit den übrigen Gliedern des Rheinbundes gegen selbes auftraten, und endlich Preußen wegen völliger Erschöpfung neutral bleiben mußte: kam der Friedenschluß zu Wien am 14. Oktober 1809 zu Stande, wobei Salzburg, Berchtesgaden, das Innviertl, Krain mit Görz, Triest, der villacher Kreis, der größte Theil Kroatiens, Istrien, Rhätien und Graubündten, die bömischen Enklaven in Sachsen, ganz Westgalizien, der zamoster Kreis von Ostgalizien, Krakau, die Hälfte der Bergwerke von Wiliczka und der tarnopoler Kreis verloren gingen. Ungeachtet dessen schienen sich die Verhältnisse Oesterreichs gegen Außen durch die Vermälung der Erzherzogin Maria Ludovika mit Napoleon (Siehe Nr. 86.) wieder zu bessern, nachdem sogar in dem von Napoleon gegen Rußland unternommenen Feldzuge ein österreichisches Korps unter dem Kommando des Fürsten Schwarzenberg als Auxiliar-Korps folgte. Auch im Innern der österreichischen Lande suchte Kaiser Franz die Wunden des Krieges wieder zu heilen, und das von seinem Reiche Uebriggebliebene zu einem Ganzen zu vereinigen.

Es wurden die größten Ersparniße im Staathaushalte eingeführt, der Geldnoth auf alle mögliche Weise gesteuert, und Alles, was zur Geldausfuhr Veranlaßung gab, auf's Strengste verboten.

Die Vernichtung des französischen Heeres im rußischen Feldzuge während des Winters vom Jahre 1812, und die Flucht der Franzosen hinter die Elbe, gaben Napoleons bis jetzt errungenen Siegen, so wie der ganzen politischen Lage Europas, eine ganz andere Wendung.

Oesterreich zog das Auxiliar-Korps hinter seine Grenzen, und nahm, als Preußen zu Rußland getreten war, Beide aber die Schlachten von Lützen und Bautzen verloren hatten, als Frieden vermittelnde Macht, eine imponirende Stellung an, und drohte zugleich jener Macht den Krieg, welche nicht billigen Vorschlägen Gehör geben würde.

Durch diesen Einfluß Oesterreichs kam größtentheils der Waffenstillstand im Monate Juni zu Stande, allein vergebens waren inzwischen die Bemühungen des Kaisers Franz zu Dresden und zu Prag, Napoleon zum Frieden zu bewegen.

Oesterreich schloß sich daher an Rußland und Preußen, und erklärte gegen Napoleon den Krieg. Das österreichische Hauptheer unter dem Fürsten Schwarzenberg, mit den übrigen Verbündeten, rückte nun nach der bei Kulm gewonnenen Schlacht, und der Uebergabe von Dresden vor; hatte bei dem hier erfochtenen Hauptentscheidungs-Siege einen sehr wesentlichen Antheil, drang sodann gegen den Rhein vor, überschritt denselben, als sich noch Baiern, Würtemberg und ganz Deutschland an die bis jetzt Alliirten angeschlossen hatte, und rückte endlich nach einem, an hitzigen und vielen Gefechten reichen Feldzuge mit den verbündeten Mächten in Paris ein, wodurch der Krieg beendigt ward. Napoleon dankte nun nach diesem Einrücken ab, worauf dann die Bourbons wieder auf ihren alten Thron eingesetzt wurden. Auch Kaiser Franz, der sein Heer allenthalben begleitet hatte, bestimmte die Grenzen seines Reiches, wie solche im Jahre 1791 waren.

Ueber die Vertheilung der Länder an die Verbündeten sollte jedoch ein besonderer Kongreß entscheiden, zu welchem Ende auch eine Zusammen= kunft von gekrönten Häuptern, Fürsten, Staatsmännern und Feld= herren in der kaiserlichen Residenz zu Wien Statt fand, wie es zu keiner Zeit und an keinem Orte noch geschehen war. *)

Der kaiserliche Hof empfing diese seine hohen Gäste mit jener Würde und Pracht, welche der Größe und dem Reichthume ihrer Länder entsprach. **) Doch während die Regenten auf diesem Kongreße emsig mit dem Frie= den der Welt beschäftiget waren, brach Napoleon von seinem Ver= weisungsorte, der Insel Elba auf, drang in Frankreich, und sodann mit einem alldort schnell gesammelten Heere in Paris ein, und trat endlich von da gegen die Alliirten auf, aber auch diese hatten auf die erste Kunde von der Landung Napoleons ihre Streitkräfte gesam= melt, rückten ihm entgegen, und besetzten nach der bei Waterloo gelie= ferten und gewonnenen Hauptschlacht zum zweiten Male Paris, worauf dann Napoleon nach der Insel St. Helena gebracht, und somit der längst ersehnte allgemeine Weltfriede erzweckt wurde.

Was Kaiser Franz seit dem Tage seiner Thronbesteigung und seit je= nem für Europa allgemein erlangten Frieden geleistet hat, beweisen die in allen Theilen des weit verbreiteten Reiches, und in allen Zweigen der Staatsverwaltung getroffenen Einrichtungen.

Er schuf nämlich das neue bürgerliche Gesetzbuch, die Lehensordnung, die neuen Strafgesetze, in denen sich besonders der milde Geist des Mo= narchen ausspricht. Das Militär = Appellations = Gericht, die Einführung der Kuhpocken = Impfung und das neue Sanitätswesen. Er veränderte die Spitaleinrichtungen, so wie auch jene der Taubstummen = und Blinden = Institute, gründete die bis jetzt noch nicht ihres Gleichen habende Veterinärschule, die Forstlehranstalt, ernannte eine Studien=

---

*) Die bei dem Kongreße zu Wien im Jahre 1814 anwesenden Herren waren: der Kaiser von Rußland, die Könige von Preußen, Baiern, Würtemberg und Däne= mark; die Herzoge von Sachsen = Waimar, Sachsen = Koburg, Würtemberg und Nas= sau, der Kurfürst von Hessen, der Großherzog von Baden :c.

**) Es wechselten stets mit den Tagen der wichtigsten Geschäfte die geschmackvollsten Feste, wie jene am Jahrestage der Schlacht bei Leipzig, das im Prater veranstaltete militärische Fest, die große Redoute, die Schlittenfahrt, die Tafel in den Treib= häusern, das Volksfest im Augarten u. s. w., die in Hinsicht der noch nie gesehe= nen Pracht unübertroffen bleiben werden.

hofkommißion, und führte Landgymnasien mit eigenen Direktoren ein, reorganisirte die medicinischen Studien auf eine solche Art, daß sie den Vorrang vor dem Auslande haben. Er befahl die öffentlichen Vorlesungen der Pädagogik, errichtete die Universität zu Lemberg, erneuerte das Theresianum zu Wien, die Universitäten zu Padua und Pavia, die Lyceen zu Verona, Venedig, Piacenza, Udine, Mailand, Mantua, Brescia, Bergamo, Komo, Zara, Spalatro und Ragusa, und errichtete die Real = und nautische Schule in Triest.

Die polytechnischen Institute zu Prag und Wien, die Militär = Arzneischule im Josephinum, das Museum ägyptischer Alterthümer, das brasilianische Naturalien Kabinet, das Thierarznei = Instituts Gebäude zu Wien, die Kavallerie = Kaserne daselbst in der Vorstadt Josephstadt, die Mädchen = Pensionate in Herrnals und in der Alservorstadt, jenes für Officierstöchter, dieses für Beamtenstöchter, die Errichtung von Militär = Erziehungshäusern, die Regiments = und Kadeten = Kompagnieschulen, die Errichtung des Bombardier = und Feuerwerk = Korps ꝛc. ꝛc. verdanken ihr Entstehen und ihre Verbesserungen dem unvergeßlichen Landesvater. Die meisten dieser obgenannten Lehranstalten erhielten Bibliotheken, und die bestehenden Bibliotheken wurden an Inhalt vermehrt. In den Provinzen entstanden mehrere Museen, und die schon bestandenen wurden mit großer Freigebigkeit und kluger Auswahl beschenkt. Die Bildergallerie im k. k. Belvedere zu Wien erhielt die schönsten Werke inländischer Maler, in eben diesem Gebäude wurde auch das größte Meisterwerk der neuen Mosaik, das Abendmal Jesu, und die Waffensammlung des Schloßes Ambras aufgestellt.

Auch geschah unter Kaiser Franz die Verschönerung der Residenzstadt Wien durch die neue Herstellung der Stadtmauern, Anlegung der Glacien, Pflasterung der Straßen u. s. w. *).

Ueberhaupt in jedem Zweige der Wissenschaft, Künste, Gewerbe, Sicherheit des Staates, Wohl der Unterthanen, Beförderung des Handels und der Industrie ꝛc. wirkte Kaiser Franz im Laufe seiner 43jährigen Regierung durch so viele Denkmale von Wohlthaten, welche ihm ewig in der Geschichte seines Landes als einen unvergeßlichen Regenten das sprechendste Andenken bewahren werden.

Franz schied von diesem Leben allgemein betrauert am 2. März 1835 im 67. Jahre seines Alters.

Seine erste Gemalin war Elisabeth (Wilh. Ludov.), eine Tochter

---

*) Bei den vielen Verschönerungen und Bauten in der kais. Residenz wurde auch zum Vergnügen des Publikums, gegenüber des Gartens Sr. Majestät nächst der k. k. Burg, der Volksgarten angelegt, allwo in dem hierzu eigens aufgeführten Tempel die Gruppe „der Kampf des Theseus mit dem Centauren,‟ von Canovas Meisterhand verfertigt, aufgestellt ist.

des Herzogs Friedrich Eugen von Würtemberg, und der Herzogin Friederika (Dorothea Sophie), einer Tochter des Markgrafen Friedrich Wilhelm von Schwedt, Sternkreuz=Ordensdame, geboren zu Treptow den 21. April 1767.

Das Schicksal schien ihre Familie schnell zu einer der glänzendsten in ganz Europa machen zu wollen; denn nachdem der Großfürst von Rußland ihre älteste Schwester zu seiner zweiten Gemalin gewählt hatte, lenkte sich auch die Aufmerksamkeit des Kaisers Joseph auf Elisabeth, um sie zur Gemalin seines Neffen zu bestimmen.

Er sah sie auf einer Reise im Jahre 1781 zu Mümpelgard, und im folgenden Jahre kam sie schon in einem Alter von 15 Jahren mit ihrer Schwester, der Großfürstin von Rußland, nach Wien.

Von nun an war Kaiser Joseph nach seinem eigenen Ausdrucke ihr Vater, bestimmte die Gräfin von Chanclos zu ihrer Obersthofmeisterin, und ließ sie unter sorgfältig gewählten Lehrern in allen ihr nöthigen Wissenschaften und Künsten unterrichten. Auch Pater Langenau machte sie mit den Grundsätzen der katholischen Religion bekannt, die sie im Monate December 1782 feierlich annahm.

Am 6. Jänner 1788 wurde sie mit Franz, als damaligem Erzherzoge, vermält. Am 17. Februar 1790 empfand sie ihre heran nahende Niederkunft, gebar mit vielen Schmerzen eine Prinzessin, und starb schon am folgenden Morgen.

Die zweite Gemalin war M. Theresia (Karol. Jos.), eine Tochter Ferdinand des I., Königs beider Sicilien, und der M. Karolina, gebornen Erzherzogin von Oesterreich.

Sie wurde geboren zu Neapel den 6. Juni 1772 und vermält erst durch Prokuration zu Neapel den 15. August, und dann zu Wien in Person den 19. September 1790. Sie war höchste Schutzfrau des Sternkreuz= Ordens, und wurde am 10. Juni 1792 zur Königin von Ungarn, und am 12. August zur Königin von Böhmen gekrönt.

M. Theresia theilte fortan alle günstige und widrige Schicksale ihres Gemals in der sturmbewegten Zeit der Kriege, welche Oesterreich im Vertrauen der Tapferkeit auf seine Truppen gegen Frankreich unternahm, als der Geist der französischen Revolution alle Königsthrone umzustürzen drohte. Auch ihr Vater, der König Ferdinand, wurde bei diesen Unruhen des größten Theils seiner Besitzungen beraubt.

Sie genoß durch ihre Sanftmuth und Milde die ungetheilte Liebe und Verehrung der Unterthanen. Ein besonders hervorstrahlender Zug des ausgezeichneten Charakters dieser hohen Fürstin war ihre Neigung für stilles häusliches Walten, in welchem sie allen Frauen ihrer Zeit als ein erhabenes Muster voran ging.

Ihre größte Erholung war in dem Kreise der zahlreichen Familie, mit welcher sie ihren Gemal beschenkt hatte. Sie starb den 13. April 1807.

(Siehe Nr. 42.)

Die dritte Gemalin war M. Ludovika (Beatrix Ant. Jos. Joh.), eine Tochter weil. Sr. königl. Hoheit des Erzherzogs Ferdinand d'Este, vormals Gouverneur und General=Kapitän der österreichischen Lombardei, höchste Schutzfrau des Sternkreuz=Ordens, geboren den 14. December 1787, vermält zu Wien den 6. Jänner 1808 und gestorben den 7. April 1816. (Siehe Nr. 68.)

M. Ludovika war von ihren Aeltern zwar zum Klosterstande bestimmt, da jedoch ihre Familie im Jahre 1796 durch den Einfall der Franzosen genöthiget wurde, Italien zu verlassen, so kam sie mit ihren Aeltern nach Wiener=Neustadt, wo ihre Erziehung unter der unmittelbaren Aufsicht ihrer Mutter vollendet wurde.

Nachdem sie die Gemalin des Kaisers Franz war, so entwickelte sie auch in diesem erhabenen Standpunkte die glänzendsten und verehrungswürdigsten Eigenschaften, die sich besonders in den Kriegsjahren 1813 und 1814 durch die Vertheilung bedeutender Summen zur Unterstützung von Landwehrfamilien rc. auf das Segenbringendste zeigten. Obwohl ihre ohnehin schwache Gesundheit durch die Tage der Prüfung bedeutend gelitten hatte, so war es ihr von dem Schicksale doch gegönnt, ihre Familie in dem Wiederbesitze ihrer Staaten zu sehen.

Ungeachtet ihrer Kränklichkeit machte sie im Jahre 1816 eine Reise nach Italien; allein ihre Kräfte waren schon zu sehr erschöpft, — sie starb zum allgemeinen Leidwesen in Verona am 7. April 1816, worauf dann ihr Leichnam nach Wien abgeführt, und allda in der k. k. Gruft beigesetzt wurde.

Die vierte Gemalin war Karolina Augusta, eine Tochter Sr. Majestät des Königs von Baiern Maximilian Joseph und der M. Wilhelmine Augusta, geborne Prinzessin von Hessen=Darmstadt, höchste Schutzfrau des Sternkreuz=Ordens, und Ober=Protektorin des adeligen Damenstiftes zu Innsbruck, dann oberste Schutzfrau und Ober=Direktorin des adeligen Damenstiftes zu Brünn rc., geboren den 8. Februar 1792, und vermält erst durch Prokuration zu München den 29. Oktober, und in Person zu Wien am 10. November 1816. *)

Bei dieser zu Wien Statt gefundenen Vermälung wurde eine Summe von mehr als 200,000 Gulden unter die Dürftigen in dieser Residenz vertheilt, und von dieser Zeit an zeigte sich die hohe Frau bei allen Gelegenheiten als die zärtlichste Gattin und die treueste Theilnehmerin aller frohen und trüben Stunden ihres erhabenen Gemals, und als die wohlthätigste und liebevollste Landesmutter.

Unzählige Frauenanstalten haben ihr Unterstützung und Beförderung,

---

*) Im Jahre 1808 wurde sie vermält mit dem damaligen Kronprinzen (jetzt König) Wilhelm von Würtemberg, welche Ehe aber im Jahre 1815 mit beiderseitiger Einwilligung wieder aufgelöst wurde.

manche selbst das Dasein zu verdanken, wie vor Allen die Kinderbewahr=
anstalten, die Stiftung zur Bildung treuer und geschickter weiblicher
Dienstboten in Wien *) u. d. gl. m. Am 26. September 1825 wurde
sie zu Presburg feierlichst zur Königin von Ungarn gekrönt.

Im schönsten Lichte zeigten sich ihre edlen Eigenschaften am Kranken=
bette des geliebten Monarchen. — Bei der großen Ueberschwemmung in
den Jahren 1826 und 1830, so wie bei mehreren andern Gelegenhei=
ten, die ihren treuen Unterthanen unvergeßlich bleiben werden, bewies
sie sich als eine wahre landesfürstliche Mutter, deren Andenken jeder=
zeit gesegnet bleiben wird. (Siehe Genealogie im Anhange Baiern 3.)

Kind
aus der ersten Ehe.

85. Ludovika (Elisab. Franz.), königliche Prinzessin von Un=
garn und Böhmen, Erzherzogin von Oesterreich, geboren den 17.
Februar 1790, und gestorben den 26. Juni 1791.

Kinder
aus der zweiten Ehe **).

86. M. Ludovika (Leop. Franz. Theres. Jos. Lucia), Her=
zogin von Parma, Piacenza und Guastalla ꝛc. ꝛc., Sternkreuz=
Ordensdame, und Großmeisterin des konstantinischen St. Georg=
Ordens ꝛc., geboren den 12. December 1791, und vermält erst durch
Prokuration zu Wien den 11. März, dann in Person zu Paris den
1. April 1810 mit Napoleon, damaligen Kaiser der Franzosen,
geboren zu Ajaccio in Korsica am 15. August 1769, und gestorben
auf der Insel St. Helena: Wittwe seit 5. Mai 1821.

Kind.

172. Franz (Joseph Karl), Herzog von Reichsstadt ***),
Großkreuz des königl. ungar. St. Stephans= und konstantinischen
St. Georgs=Ordens von Parma ꝛc., geboren zu Paris den 20.
März 1811, und gestorben in dem k. k. Lustschloße zu Schönbrunn
nächst Wien den 22. Juli 1832. Seine erste Erziehung wurde

---

*) Das Karolinenstift in der Wiener=Vorstadt Erdberg ist zur Erziehung guter weib=
licher Dienstboten (Töchter von verdienten Soldaten, vorzüglich Unterofficieren) ge=
widmet.

**) Kaiserliche Prinzen und Prinzessinen, Erzherzoge und Erzherzoginnen von Oester=
reich. ꝛc. ꝛc.

***) Reichstadt ist eine Stadt in Böhmen, und der Hauptort gleichen Namens im
Bunzlauer=Kreise. Kaiser Franz I. ertheilte von dieser Herrschaft am 22. Juli 1828
seinem Enkel, dem Prinzen Franz Joseph Karl, den Titel eines Herzogs von Reichstadt.
Das Herzogthum besteht aus den sämmtlichen, in Böhmen befindlichen toskanischen
Herrschaften. Für den Fall des kinderlosen Ablebens des Herzogs behielt Kaiser
Franz dem Hause Oesterreich den Rückfall des Herzogthums vor.

der Gräfin von Montesquiou, einer durch ihre Bildung ausge=
zeichneten Dame anvertraut.

Nach der Katastrophe vom Jahre 1814, als sich die Verbündeten
bereits der Hauptstadt näherten, verließ seine Mutter mit ihm
am 29. März die Tuillerien, ging nach Rambouillet, und nach
Napoleons Abdikation endlich nach Oesterreich. Sie erhielt
hierauf die Herzogthümer Parma, und der Prinz hieß von nun
an Erbprinz von Parma, Piacenza und Guastalla.

Seine Erziehung wurde nun fortan unter den Augen seiner
Mutter im k. k. Lustschloße zu Schönbrunn *) fortgesetzt. Auf die
Reklamationen, sowohl der ehemaligen Königin von Hetrurien,
welche ihr Erbrecht auf Parma ec. geltend machte, so wie des
spanischen Hofes, wurde Ersterer nach M. Ludovikens Tode die
Erbfolge auf Parma, Piacenza und Guastalla zugesichert, und
der Erbprinz von Parma durch Patent des Kaisers von Oester=
reich mit den ehemaligen pfalzbairischen Gütern in Böhmen ent=
schädigt, ihm ferner der Titel »Herzog von Reichstadt«, sammt
dem Prädikate »Durchlaucht« gegeben, und endlich bestimmt,
daß sowohl bei Hofe, als im ganzen Reiche der Prinz seinen
Rang unmittelbar nach den Prinzen des kaiserl. Hauses, und
nach den Erzherzogen von Oesterreich zu nehmen habe.

Nachdem alle Hindernisse wegen der Besitznahme von Parma ge=
hoben waren, begab sich seine Mutter in ihren neuen Staat, er
aber blieb bei dem Kaiser, seinem Großvater, welchem er mit in=
nigster Liebe zugethan war, in Wien zurück.

Außer vielen Beweisen von Fassungskraft und Einsicht, gab er
schon im zartesten Alter auch manche von Festigkeit, Klugheit und
Muth. Seine Achtung und Neigung zum Militärstande bewies
er mit der frühesten Jugend bei jeder Gelegenheit.

Im Monate August 1828 wurde er Hauptmann im Jäger=
Regimente »Kaiser Franz«, und wohnte als solcher dem Lager
bei Traiskirchen bei. Im Jahre 1829 kommandirte er eine Kom=
pagnie, dann eine Division Grenadiere im Dorfe Mauer bei Wien.
Im Juli 1830 kam er als Major zu dem Infanterie=Regimente
Salins, im November desselben Jahres als Oberst=Lieutenant

---

*) Die Angaben, daß zu dieser Zeit ein Komplott Statt gefunden habe, um den Prin=
zen zu entführen, und nach Paris zu bringen, wird von mehreren glaubwürdigen
Auttoritäten auf das Bestimmteste widersprochen. Während den Stürmen, die bis
zur Einschiffung seines Vaters nach St. Helena auf's Neue in Frankreich wüthe=
ten, während nach dessen zweiter Abdankung die erfolglose Ausrufung Napoleon
des II., so wie die endliche vollständige Restauration der Familie Bourbon Statt
hatte, lebte der Prinz fortan bei seiner Mutter, der Erzherzogin M. Ludovika in
Schönbrunn.

zu dem Infanterie‑Regimente N a f f a u, im Sommer 1831 zu
G y u l a y, später Prinz W a f a Infanterie, und im Frühjahre
1832 wurde er in diesem Regimente zum Obersten befördert.

87. Ferdinand I. (Karl Leop. Jof. Franz Marzellin), Kaiser
von Oesterreich, König von Ungarn und Böhmen, dieses Namens
der V., König der Lombardei und Venedigs, von Dalmatien, Kroa‑
tien und Slavonien, Galizien, Lodomerien und Illyrien, König
von Jerusalem ꝛc. Erzherzog von Oesterreich, Großherzog von Tos‑
kana, Herzog von Lothringen, von Salzburg, Steier, Kärnthen,
Krain; Großfürst von Siebenbürgen; Markgraf von Mähren; Her‑
zog von Ober‑ und Niederschlesien, von Modena, Parma, Piacenza
und Guastalla, von Auschwitz und Zaton, von Teschen, Friaul,
Ragusa und Zara; gefürsteter Graf von Habsburg, von Tirol,
von Kyburg, Görz und Gradiska; Fürst von Trient und Brixen;
Markgraf der Ober‑ und Nieder Lausitz, und in Istrien; Graf von
Hohenembs, Feldkirch, Bregenz, Sonnenberg ꝛc.; Herr von Triest,
von Cattaro, und auf der windischen Mark. Geboren zu Wien den
19. April 1793.
Nach einer sorgfältigen Erziehung, welche unter den Augen seiner
erhabenen Aeltern Statt fand, machte er im Jahre 1815 als Kron‑
prinz eine wissenschaftliche Reise durch mehrere Provinzen der Mo‑
narchie, dann durch Italien, die Schweiz, und einen Theil von
Frankreich, auf welcher er durch seine edlen und einnehmenden Ei‑
genschaften alle Herzen gewann. Zurück gekehrt, weihte er seine
Muße hauptsächlich der Unterstützung und Aufmunterung der Künste
und Gewerbe. Unter seinem Protektorate erfreute sich die k. k. Land‑
wirthschaftsgesellschaft in Wien eines immer blühenderen Zustandes,
und ausgebreiteterer Wirksamkeit. Seine innige Theilnahme an Ver‑
besserung vaterländischer Industrie beurkunden seine eigenen reichhal‑
tigen, diesem wichtigen Zweige der Kultur gewidmeten Sammlungen.
Seine ausgezeichneten edlen und menschenfreundlichen Eigenschaften
zeigten sich besonders bei der traurigen Gelegenheit der großen Ueber‑
schwemmung eines Theils der Vorstädte und Umgebungen Wiens
im Jahre 1830, wo der erhabene Erbe einer so großen Monarchie,
sein Leben auf einem leichten Kahne dem tobenden Elemente Preis
gab, um so viel wie möglich das Elend der Verunglückten zu mil‑
dern, und sich selbst von der Zweckmäßigkeit der Rettungsanstalten
zu überzeugen.
Am 28. September 1830 wurde er noch als Kronprinz bei dem ver‑
sammelten Landtage zu Presburg feierlichst mit der Krone des heil.
Stephan gekrönt, bei welcher Gelegenheit er einen neuen Beweis
seines hohen Sinnes gab; nachdem er von dem ihm von den unga‑
rischen Reichsständen dargebrachten üblichen Ehrengeschenke von
50,000 Stück Dukaten, einen Theil zur Unterstützung der Kontri‑

buenten, die in Folge der damaligen kargen Ernte einer Noth aus=
gesetzt waren, und einen Theil zur Vermehrung des Fondes für die
ungarische Akademie widmete.

Der Tod seines Vaters führte ihn am 2. März 1835 auf den ihm
angestammten Thron der österreichischen Monarchie, den er, nach
dem Ausdrucke des noch an demselben Tage erschienenen allerhöch=
sten Handschreibens an den ersten Obersthofmeister, mit dem festen
Entschluße bestieg, den Gesinnungen seines verklärten Vaters getreu,
wie Er, im frommen Vertrauen auf Gott, das Glück und die
Wohlfahrt seiner Völker auf dem Wege des Rechtes, zum Zwecke
aller seiner Bestrebungen und Anstrengungen zu machen.

Anfangs September 1836 erfolgte zu Prag die den Krönungsfeier=
lichkeiten vorgehende Erbhuldigung, und am 7. desselben Monats
die Krönung als König von Böhmen, so wie am 12. September
auch jene Ihrer Majestät als Königin von Böhmen.

Seine Gemalin ist M. Anna Karolina (Pia), königl. Prinzessin
von Sardinien, Sternkreuz=Ordensdame rc., mit ihr vermält erst
durch Prokuration zu Turin am 12 Februar, und dann in Person
zu Wien den 27. Februar 1831. (Siehe Nr. 157.)

88. Karolina (Leop. Franz.), geboren den 8. Juni 1794, und
gestorben den 16. März 1795.

89. Karolina (Ludov. Leop.), geboren am 4. December 1795,
und gestorben den 30. Juni 1799.

90. Leopoldine (Karol. Jos.), Sternkreuz=Ordensdame, ge=
boren den 22. Jänner 1797, und vermält am 13. Mai erst durch
Prokuration zu Wien, und dann in Person zu Rio de Janeiro den
6. November 1817 mit Dom Pedro de Alcantara (Ant. Jos.),
damaligen Kronprinzen von Brasilien und Portugal, dann aber nach=
herigen Kaiser von Brasilien; Großkreuz des königl. ungarischen
St. Stephan=Ordens, und Inhaber des k. k. Infanterie=Regimen=
tes Nr. 15.

Dom Pedro, geboren als Prinz von Brasilien den 12. Okto=
ber 1798, war ein Sohn Johann des VI., Königs von Portugal
und Algarbien. (Siehe Genealogie im Anhange von Portugal 2.)
Leopoldine starb an den Folgen einer zu frühen Niederkunft am
11. December 1826.

Im Jahre 1807 wurde Dom Pedro von seinem Vater als Kron=
prinz nach Brasilien geschickt, wohin ihm auch solcher, von dem
französischen Kaiser Napoleon verdrängt, bald nachfolgte.

Als sein Vater im Jahre 1820 nach Portugal wieder zurück kehrte,
verblieb Dom Pedro in Brasilien, wurde am 22. April 1821
Lieutenant des Reiches, und Prinzregent von Brasilien, und nach=

dem endlich dieses Land sich von Portugal unabhängig machte, den 13. May als beständiger Vertheidiger von Brasilien ausgerufen, am 12. Oktober als kostitutioneller Kaiser, unter dem Namen D o m P e d r o I. angenommen, und am 1. December 1821 als solcher ge=krönt, von Portugal aber erst am 29. August 1825 als solcher anerkannt. Am 10. März 1826, nämlich nach dem Tode seines Vaters, folgte er im Königreiche Portugal und Algarbien, entsagte aber durch die Dekrete vom 2. Mai 1826 und 3. März 1828 dieser Krone zu Gun=sten seiner Tochter D o n a M a r i a d a G l o r i a, bestimmte ihr seinen Bruder D o m M i g u e l zum Gemale, und einstweilen we=gen Minderjährigkeit derselben, seine Schwester I s a b e l l a zur Regentin, später aber seinen Bruder D o m M i g u e l zum Regen=ten, unter der Bedingung, daß die Regierung bis zur Volljährig=keit der Königin M a r i a d a G l o r i a nach der C h a r t e geführt werden solle. D o m P e d r o schickte seine Tochter D o n a M a r i a auch wirklich nach Portugal, die aber nur bis Gibraltar kam, da sie dort erfuhr, daß D o m M i g u e l den Titel eines Königs von Por=tugal angenommen, und nicht nach der Charte regiere.

Nach der Zurückkunft seiner Tochter konnte D o m P e d r o wegen allzu großer Entfernung nichts unternehmen, und sein Bruder D o m M i g u e l behauptete inzwischen die königliche Gewalt in Portugal. Als seine Gemalin L e o p o l d i n e gestorben war, vermälte er sich zum zweiten Male, erst durch Prokuration den 2. August, dann in Person am 17. Oktober 1829 mit A m a l i a (Aug. Eugenia, Napo=leone), einer Tochter des Herzogs E u g e n von Leuchtenberg *), ge=boren den 31. Juli 1812.

Am 7. April 1831 abdicirte er den brasilianischen Kaiserthron zu Gunsten seines Sohnes, und nannte sich Herzog von Braganza, kehrte mit seiner zweiten Gemalin und seiner Tochter M a r i a d a G l o r i a nach Europa zurück, landete in Oporto, eroberte das Königreich mit Waffengewalt, und setzte seine Tochter auf den Thron von Portugal. Nach einem sich zugezogenen Brustübel, welches seine thätigen Anstrengungen herbeiführte, endete er am 24, Septem=ber 1834 sein Leben.

Kinder
aus der ersten Ehe.

173. Maria da Gloria II. (Joh. Charl. Leop. Isidora da Cruz Franz. Xav. da Paula, Mich. Gabr. Raph. Lucia Louise Gonz.), geboren den 4. April 1819.

---

*) Kind aus dieser zweiten Ehe: D o n a M a r i a (Amalia Aug. Eugenia Jos. Louise Theodolinde), geboren zu Paris den 1. December 1831.

Sie erhielt von ihrem Vater, als er den Kaisertitel von Bra=
silien annahm, die Erbfolge als Königin von Portugal, und
wurde zur Antretung ihres Königreichs durch die Akte ihres Va=
ters vom Jahre 1826 und 1828 unter der Regentschaft seiner
Schwester Isabella, nach Europa abgeschickt, wo sie aber nur
bis Gibraltar kam, nachdem sie hier erfuhr, daß der ihr zum
Gemale bestimmte Vatersbruder Dom Miguel, mit welchem
sie durch Prokuration zu Wien den 29. Oktober 1826 verlobt
war, sich zur königlichen Herrschaft von Portugal, laut Dekret
vom 30. Juni 1828 auf die Aufforderung der drei Stände, als
eigener König erklärt hatte. Sie ging nun nach England, und
verweilte dort, bis die ihrem Vater zur zweiten Gemalin be=
stimmte Prinzessin von Leuchtenberg alldort ankam, worauf
dann beide nach Brasilien zurück kehrten. Erst nach der Ab=
dankung ihres Vaters vom Throne Brasiliens kam sie mit die=
sem nach Europa wieder zurück, und wurde sodann durch Waf=
fengewalt auf den Thron von Portugal eingesetzt.
Sie vermälte sich hierauf am 26. Jänner 1835 mit Prinz Au=
gust (Karl Eugen) von Leuchtenberg, einem Sohne von
Eugen Beauharnois, Adoptivsohn Napoleons Bonaparte,
vormaligen Vicekönigs von Italien, und Erbgroßherzogs von
Frankfurt (welcher im Jahre 1817 Eichstädt als mittelbares Für=
stenthum von Baiern erhielt) und der Prinzessin Augusta
Amalia, einer Tochter des Königs Maximilian von Baiern.
(Siehe Genealogie im Anhange von Baiern 2.)
Prinz August Eugen von Leuchtenberg, geboren den 9.
December 1810, starb an einer Halsentzündung am 28. März 1835.
Maria da Gloria vermälte sich am 9. April 1836 zum zwei=
ten Male mit dem Prinzen Ferdinand (Aug. Franz Ant.) Ko=
burg, geboren den 29. Oktober 1816, ein Sohn des Prinzen
Ferdinand (Georg Aug.) Koburg = Kohary, geboren
den 28. März 1785, k. k. österreichischer Feldmarschall=Lieutenant,
Inhaber des Husaren=Regiments Nr. 8. 2c., und Maria
(Antoinette Gabriele), einer Tochter des am 27. Juni 1826
verstorbenen Fürsten Franz (Joseph) Kohary.

174. Don Juan, Prinz von Beira, geboren am 6. März
1821, und gestorben den 4. Februar 1822.

175. Januaria, geboren 1822.

176. Paulina (Maria Anna Joh. Karol.), Infantin, gebo=
ren den 17. Februar 1823.

177. Franziska (Karolina), Infantin, geboren den 2. Au=
gust 1824.

178. Dom Pedro II. de Alcantara, (Joh. Karl Leop.

Salvator Ribiano, Franz Xav. de Paula, Leocadis, Miguel Gabriel Raphael Gonzaga), geboren den 2. December 1825.
Er wurde Kaiser von Brasilien unter Vormundschaft, in Folge der Entsagungs=Akte seines Vaters Dom Pedro des I. ddo. Boavista am 7. April 1831.

91. M. Klementine (Franz. Jos.) Sternkreuz = Ordensdame, geboren den 1. März 1798, und vermält mit Leopold, königlichen Prinzen von Sicilien, Prinz von Salerno ꝛc. (Siehe Nr. 57.)

92. Joseph (Franz Leop.), Inhaber des Infanterie = Regiments Nr. 63., geboren den 9. April 1799, und gest. am 29. Juni 1807.

93. Karolina (Ferd. Theres. Jos. Demetria), Sternkreuz=Ordens= dame, geboren den 8. April 1801, und vermält erst durch Prokura= tion zu Wien den 26. September, und dann in Person zu Pillnitz den 7. Oktober 1819 mit Friedrich (August Albert), dermaligen König von Sachsen, Ritter des goldenen Vließes, Inhaber des k. k. Küraffier=Regiments Nr. 3. ꝛc.
Karoline starb zu Dresden den 22. Mai 1832. (Siehe Nr. 75.)

94. Franz Karl (Joseph), Ritter des goldenen Vließes, des königl. französischen Ordens vom heil. Geiste, und des königl. bai= rischen St. Huberts=, dann Großkreuz des kaiserl. brasilianischen Ordens vom südlichen Kreuze, und des königl. sicilianischen St. Ferdinands = und Verdienst = Ordens, k. k. General Major, und In= haber des ungarischen Infanterie=Regiments Nr. 52,, geboren den 7. December 1802.
Nach vollendeter sorgfältiger Erziehung widmete er sich dem Militär, und den damit verwandten Wissenschaften mit vielem Eifer, machte einige Reisen zur weiteren Ausbildung seiner umfassenden Kenntniffe, und nahm auch nähere Einsicht in die Verhandlungen von Hofstellen, indem er durch einen Zeitraum ihren Sitzungen beiwohnte
Seine Vermälung geschah zu Wien am 4. November 1824 mit Sophie (Friederica Dorothea), einer Tochter Sr. Majestät des Königs von Baiern Maximilian Jos.; Sternkreuz=Ordensdame, geboren den 28 Jänner 1808.
(Siehe Genealogie im Anhange von Baiern 7.)

Kinder.

179. **Franz** (Jos. Karl), geboren den 18. August 1830.

180. **Ferdinand** (Maxim. Jos.), geboren den 6. Juli 1832

181. **Karl** (Ludw. Jos. Maria), geboren den 30. Juli 1833.

182. **M. Anna** (Karol. Pia), geb. den 27. Oktober 1835.

95. M. Anna (Franz. Theres. Jos. Med.), Sternkreuz=Ordens= dame, geboren den 8. Juni 1804.

96. Johann Nep. (Karl Franz Joseph Fel.), Inhaber des Infanterie = Regiments Nr. 35., geboren den 29. August 1805, und gestorben den 19. Februar 1809.

97. Amalia (Theres. Franz. Jos. Cölestina), geboren den 6., und gestorben den 9. April 1807.

28. Ferdinand (Jos. Joh. Bapt.), Großherzog von Toskana, Ritter des goldenen Vließes, Großkreuz des königl. ungarischen St. Stephan = Ordens, Ritter des kais. Ordens der eisernen Krone I. Klasse, Großmeister des toskanischen St. Joseph = und Stephan = Ordens, Großkreuz der königl. französischen Ehrenlegion, des königl. sicilianischen St. Ferdinands = und des St. Januarius = Ordens, dann Ritter der königl. sächsischen Rautenkrone, k. k. General = Feldmarschall, und Inhaber des Infanterie = Regiments Nr. 7, geboren den 6. Mai 1769, und gestorben den 18. Juni 1824.

Ferdinand übernahm, nachdem sein Vater Leopold nach dem Tode seines Bruders Kaiser Joseph des II. die Regierung der österreichischen Erblande antrat, das Großherzogthum Toskana als Sekundogenitur des kaiserlichen österreichischen Hauses. In den Kriegen gegen Frankreich beobachtete er stets eine strenge Neutralität, und trat im Jahre 1793 nur unfreiwillig der Koalition bei, von welcher er sich in der Folge bald wieder trennte.

Schon im Jahre 1796 hatte das französische Direktorium den Plan, Toskana mit Eisalpinien zu vereinigen, dessen Ausführung jedoch der Großherzog durch bedeutende Opfer an Geld und Kunstwerken hinderte, und die Neutralität seines Landes behauptete.

Im Monate März 1799 ließ die französische Regierung an Oesterreich, so wie an Toskana den Krieg erklären, und besetzte das Großherzogthum. Im lüneviller Frieden wurde Toskana gegen das Fürstenthum Salzburg und Berchtesgaden, und dieses im presburger Frieden wieder gegen das neu errichtete Großherzogthum Würzburg vertauscht.

Am 25. September 1807 trat Ferdinand dem Rheinbunde bei.

Im pariser Frieden vom Jahre 1814 erhielt er wieder das Großherzogthum Toskana, welchem der Wiener = Kongreß noch einige Ländertheile beifügte, wie auch die von den Franzosen acquirirten Kunstwerke zurück. Nach dem Tode der Erzherzogin M. Louise, Herzogin von Parma, fällt auch noch das Herzogthum Lucca, laut dem pariser Traktate vom Jahre 1817, an Toskana, und dafür an den Herzog von Lucca das Herzogthum Parma ꝛc.

Seine erste Gemalin war Ludovika (Amalia Theres.), eine Tochter Ferdinand des I., Königs beider Sicilien, Sternkreuz = Ordensdame, mit ihr vermält erst durch Prokuration zu Neapel den 15. August, und dann in Person zu Wien den 19. September 1790. Sie starb den 19. September 1802. (Siehe Nr. 43.)

Die zweite Gemalin war M. Anna, eine Tochter des königlichen Prinzen Maximilian von Sachsen, Sternkreuz = Ordensdame, auch Dame des spanischen Ordens der Königin M. Ludovika, vermält zu Florenz den 6. Mai 1821. (Siehe Nr. 74.)

Kinder *)
aus der ersten Ehe.

98. Karolina (Ferd. Theres.), geboren den 2. August 1793 und gestorben den 5. Jänner 1812.

99. Franz (Leop. Ludwig), geboren den 15. December 1794, und gestorben den 18. Mai 1800.

100. Leopold II. (Joh. Jos. Franz Ferd. Karl), Großherzog von Toskana, Ritter des goldenen Vließes, Großmeister des toskanischen St. Stephan = und St. Joseph = Ordens, dann Großkreuz der königl. französischen Ehrenlegion, und des königl. sicilianischen St. Januarius = Ordens, k. k. General der Kavallerie, und Inhaber des Dragoner = Regiments Nr. 4.; geboren den 3. Oktober 1797. Nach dem Tode seines Vaters trat er am 18. Juni 1824 die Regierung des Großherzogthums Toskana an.

Seine erste Gemalin war M. Anna (Karol.), eine Tochter des königlichen Prinzen Maximilian von Sachsen, Sternkreuz= Ordensdame, vermält erst durch Prokuration zu Dresden den 28. Oktober, dann in Person zu Florenz den 16. November 1817.
(Siehe Nr. 77.)

Nach dem Tode dieser Gemalin vermälte er sich zum zweiten Male zu Neapel den 7. Juni 1833 mit M. Antonia, königliche Prinzessin beider Sicilien. (Siehe Nr. 133.)

Kinder
aus der ersten Ehe.

183. M. Karolina (Aug. Elis. Vincentia Joh. Jos.) geboren am 19. November 1822.

184. Augusta (Ferdin. Louise Maria Joh. Jos.), geboren am 1. April 1825.

185. M. Maximiliana (Thekla Joh. Jos.), geboren am 9. Jänner 1827, und gestorben den 18. Mai 1834.
aus der zweiten Ehe.

186. M. Isabella, geboren den 21. Mai 1834.

187. Ferdinand (Salvat. Maria Jos. Joh. Bapt. Franz Ludw. Gonzaga Raph. Rainer Januar.), Erbprinz; geboren den 10. Juni 1835.

---

*) Kaiserliche Prinzen und Prinzessinnen, Erzherzoge und Erzherzoginen von Oesterreich.

188. M. Theresia (Annunciata Giovanna Giuseppa Part. Louise Virginia Apollonia Filomena), geb. den 29. Juli 1836.

101. M. Ludovika (Johanna Jof. Karol.), Sternkreuz-Ordensdame, und Aebtissin des Fräuleinstiftes zur heil. Anna in Florenz; geboren am 30. August 1798.

102. M. Theresia (Franz. Joh. Jof. Bened.), Sternkreuz-Ordensdame, geboren den 21. März 1801, und vermält zu Florenz den 30. September 1817 mit Karl Emanuel (Alb.) dem V., König von Sardinien, Großkreuz des königl. ungarischen St. Stephans-Ordens, und der königl. französischen Ehrenlegion, Ritter des militärischen M. Theresien-Ordens, und Inhaber des k. k. Husaren-Regiments Nr. 5., geboren den 2. Oktober 1798.

Er ist ein Sohn Karl Emanuels, Herzogs von Savoyen-Carignan, und M. Christina, einer Tochter des Herzogs Karl von Sachsen und Kurland*), ein Bruder der Gemalin des Erzherzogs Rainer.
(Siehe Nr. 39.)

Karl Emanuel (Alb.) folgte seinem Vater Karl Emanuel den 16. August 1800 in der Linie von Savoyen-Carignan als erklärter Kronprinz seit dem Jahre 1815, und nach dem Tode des Königs Karl (Felix Jof.) den 27. April 1831 im Königreiche Sardinien.
(Siehe die Genealogie im Anhange von Sardinien und von Savoyen-Carignan.)

Im Jahre 1823 befand er sich bei den französischen Invasions-Truppen in Spanien, nnd zeichnete sich in mehreren Gelegenheiten aus.

Kinder).

189. Viktor (Eman. Mar. Alb. Eug. Ferd. Thom.), Herzog von Savoyen, geboren den 14. März 1820.

190. Ferdinand (Maria, Albert Amad. Philipp Vincenz), Herzog von Genua, geboren den 15. November 1822.

191. M. Christina (Karol. Fel.), geb. den 4. Juli 1826.

29. M. Anna (Ferd. Henriette), Sternkreuz-Ordensdame, geboren den 21. April 1770, und gestorben den 1. Oktober 1809.

30. Karl Ludwig (Joh. Jof. Laurenz), Ritter des goldenen Vließes, Großkreuz des militärischen M. Theresien- und des königlichen großbritanischen Bath-Ordens, der königlichen französischen Ehrenle-

---

*) M. Christina wurde geboren den 7. December 1779, und ist Wittwe vom Herzoge Karl Emanuel seit 16. August 1800, vermälte sich dann zum zweiten Male mit dem Fürsten von Montleart.

**) Königliche Prinzen und Prinzessinen.

gion, des königl. brasilianischen Ordens vom südlichen Kreuze, und des Großherzog toskanischen St. Joseph-Ordens; Gouverneur und General-Kapitän des Königreichs Böhmen, k. k. General-Feldmarschall, Inhaber des Infanterie-Regiments Nr. 3.; geboren zu Florenz den 5. September 1771.

Seine Gemalin war Henriette (Aler. Fried. Wilh.), eine Tochter des souverainen Fürsten Friedrich (Wilh.) von Nassau-Weilburg, geboren den 30. Oktober 1797, und gestorben den 29. December 1829.

Seine erste Bildung verdankt er größtentheils dem nachmaligen Wiener-Erzbischofe Grafen Hohenwart.

Im Jahre 1790 folgte er seinem erlauchten Vater dem Kaiser Leopold aus Florenz nach Wien, besuchte da die Sitzungen der Hofstellen, und kam noch in seinen Jünglingsjahren nach den Niederlanden, als ihn die Erzherzogin M. Christina, Gemalin des Herzogs Albert von Sachsen-Teschen an Sohnes Statt angenommen hatte. (Siehe Nr. 5.) Hier bei seinen Adoptiv-Aeltern benützte er die Gelegenheit, den Ministerial-Konferenzen in Brüssel beizuwohnen, folgte zugleich seiner Neigung, den Krieg zu studieren, und so seine später strahlenden Feldherrn-Talente in der Theorie auszubilden.

Bei dem Beginnen des Krieges gegen die französische Republik focht er bei Jemappes, und hatte einen wesentlichen Antheil an dem Siege bei Aldenhoven.

Vom General-Major zum Feldmarschall-Lieutenant vorgerückt, kommandirte er in dem glänzenden Gefechte gegen Dumouriez bei Tirlemont, erhielt bei Neerwinden das Großkreuz des M. Theresien-Ordens, und wohnte dann fast allen Gefechten dieses Feldzuges in Flandern rühmlich bei; übernahm auch, als seine Adoptiv-Aeltern von Brüssel abgegangen waren, im Jahre 1793 die Stelle als General-Gouverneur der wieder eroberten Niederlande. Im Jahre 1794 befehligte er in der Schlacht bei Landrecy eine Division, bei Tournay und Courtray gegen Pichegru den ganzen linken Flügel, und bei Fleures das Centrum. Hierauf kam er als Feldzeugmeister zur Armee des Oberrheins, die der Herzog Albert von Sachsen-Teschen kommandirte.

Im Jahre 1795 blieb er wegen geschwächter Gesundheit in Wien. Im folgenden Jahre erhielt er, nachdem der siegreiche Clairfait das Kommando niedergelegt hatte, den Oberbefehl über die Armee am Niederrhein, und als Wurmser, Befehlshaber am Oberrhein, nach Italien abgerufen wurde, das Oberkommando über die ganze Rhein-Armee. Zu Ende des Monats Juni wurde er an zwei Punkten von Jourdan, der unterhalb Koblenz über den Rhein ging, und von Moreau, der bei Kehl den Uebergang erzwang, angegriffen, mußte sich aber trotz der hartnäckigsten Vertheidigung im Treffen bei Matsch vor der großen Uebermacht zurück ziehen.

Rasch drang nun Jourdan auf dem linken Donau-Ufer durch Franken

gegen Nürnberg, und Moreau durch Schwaben und Baiern gegen Re=
gensburg vor. Vorsichtig und klug zog sich Erzherzog Karl zurück,
ging, ohne daß es Moreau bemerkte, mit einem beträchtlichen Theile
seines Heeres vom rechten nach dem linken Donau = Ufer, schlug Jourdan bei Teinnig, Amberg, Würzburg, und nöthigte ihn, in wilder
Flucht über den Rhein zurück zu kehren, wandte sich sodann gegen Mo=
reau, und zwang denselben, da er dessen Flanken und Rücken immer=
während bedrohte, ebenfalls zum Rückzuge.

Die Siege des Erzherzogs an der Elz bei Emmendingen und Solingen
im Oktober 1796 zwangen Moreau von seinem Rückzuge nach Kehl ab=,
und oberhalb Basel über den Rhein zu gehen. Nun wurden Kehl und
der Brückenkopf von Hüningen belagert, allein noch ehe sie erobert
waren, wurde Erzherzog Karl schon im Frühjahre 1797 nach Italien
abgerufen. Dort war Bonaparte rasch vorgedrungen, hatte schon
Mantua erobert, und rückte gegen die österreichischen Erbstaaten vor.

Erzherzog Karl fand allda eine schwache Armee, und die Verstärkun=
gen vom Rheine folgten langsam, dagegen hatte Bonaparte mehrere
Verstärkungen erhalten, wodurch der Erfolg leicht voraus zu sehen war.
Joubert drang in Tirol ein, besetzte Brixen, und hatte von Bremen
herab die Eingänge in das Innthal, und durch das Pusterthal nach
Kärnthen im Besitze. Bonaparte selbst warf die Oesterreicher am
Tagliamento zurück, drang an den Isonzo vor, nahm Gradiska und
Triest, und zwang die Generale Bajolith, Oeskay und Graf=
fen zu Kapitulationen. So war nun der Erzherzog troß der größten
Tapferkeit, die er entwickelte, bis Judenburg und Leoben in Steier=
mark zurück gedrängt worden.

Nach dem Frieden bei Campo=Formio wurde Karl zum Gouver=
neur und General = Kapitän von Böhmen ernannt. Er verweilte theils
zu Prag, theils suchte er in den Bädern zu Töpliß seine, durch das
Kriegs = Ungemach gesunkenen Kräfte wieder herzustellen.

Im erneuerten Kriege vom Jahre 1799 übernahm er wieder das Ober=
kommando über die Rhein = Armee, und siegte hierauf bei Ostrach und
Stockach. Als das rußische Hilfsheer unter Suworow und Korsakow ein=
traf, nahm er seine Stellung am Mittelrheine. Hier siegte er bei Mann=
heim und Neckarau, und entsetzte Philippsburg, als ihm plötzlich die
Nachricht von Korsakows Niederlage zukam. Er zog sich nun an die
Donau, und ließ einen Theil seiner Truppen nach Tirol und Grau=
bündten detaschiren.

Seine sehr gesunkene Gesundheit zwang ihn endlich, den Oberbefehl
im Monate März 1800 wieder nieder zu legen, worauf der Feldzeugmeister
Kray denselben übernahm.

Erzherzog Karl ging nun nach Wien, und von hier nach Prag, wor=
auf ihn Kaiser Franz zur Vorbereitung der Vertheidigungs = Maßre=
geln in Böhmen und Mähren bestimmte. Nach der unglücklichen Schlacht

bei Hohenlinden übernahm er den Oberbefehl wieder, und schloß den Waffenstillstand von Steier.

Am 9. Jänner 1801 wurde er zum Feldmarschalle und Hofkriegsraths-Präsidenten ernannt. In letzterer Eigenschaft entwarf er den Plan zur neuen Organisirung des Kriegswesens in Oesterreich. Zugleich wurde er auch Koadjutor des Hoch- und Deutschmeisters Erzherzog Maximilian, und trat nach dessen Tode am 27. Juli 1801 in diese Würde ein. (Siehe Nr. 16.)

Nachdem eine sehr bedeutend eingetretene Krankheit für sein Leben Besorgniß herbei führte, so wurde ihm im Jahre 1802 sein Bruder Erzherzog Johann in allen Militärgeschäften zur Erleichterung an die Seite gesetzt.

Im Jahre 1804 resignirte er als Großmeister des deutschen Ordens, und wurde im folgenden Jahre zum Kriegsminister erhoben.

Bei dem im Jahre 1805 gegen Frankreich ausgebrochenen Kriege erhielt er das Kommando in Italien, schlug nach dem Unglücke von Ulm bei Caldiero und Colognola seinen Gegner Masséna, mußte sich aber dann in Folge der Ereignisse in Deutschland langsam und fechtend zurück ziehen, um sich mit dem Erzherzoge Johann, der aus Tirol kam, zu vereinigen, was auch bei Kranichfeld erfolgte.

Erzherzog Karl stand nun mit dem vereinigten Heere nur wenige Posten von Wien, als die Schlacht bei Austerlitz das Schicksal der Monarchie entschied. Napoleon wünschte, von Achtung gegen den Erzherzog Karl durchdrungen, dessen persönliche Bekanntschaft zu machen, worauf dann die Zusammenkunft zu Stammersdorf bei Wien Statt fand. Am 10. Februar 1806 wurde Erzherzog Karl zum Generalissimus der österreichischen Armee, und zum Kriegsminister mit unumschränkter Vollmacht ernannt.

Vom Neuen begann nun die Reorganisation der Armee, von ihm weit kräftiger als das erste Mal geleitet. Er gab herrliche Instruktionen, wirkte durch ausgezeichnete Unterrichts-Anstalten kräftig für die intellektuelle Bildung der Officiere und Soldaten, verbesserte den Unterricht durch gute Lehrbücher, gab ein völlig neues, mehr zeitgemäßes Reglement; gründete ein eigenes Kriegs-Archiv, und eine militärische Zeitschrift für die Armee. Von ihm ging die Aneiferung zu den schätzbaren Arbeiten aus, welche der General-Quartiermeisterstab, das Kriegs-Archiv und die Kriegsverwaltung im Fache der Karten, Pläne, der Geschichte, Kriegswissenschaft, und der militärischen Gesetzgebung geleistet haben.

Als sich Oesterreich wieder gegen Frankreichs Anmaßungen zum Kampfe rüstete, traten im Jahre 1808 die Reserven und Landwehren durch seine Thätigkeit in's Leben. Der Erzherzog wurde an die Spitze der großen Armee in Deutschland gestellt, überschritt im Monate April 1809 die Grenze, und drang bis Landshut und Regensburg vor.

Schon fürchtete Napoleon bis an den Rhein zurück weichen zu müssen, als er sich, weit schwächer an der Zahl, zu dem Wagniße entschloß, die österreichische Armee anzugreifen. Er warf sich daher gerade auf den Punkt, welcher der schwächste des österreichischen Heeres war.

In den letzten Tagen des Monats April wurde er bei Abensperg, Landshut, Eckmühl und Regensburg geschlagen, meisterhaft zog er sich aber nach Budweis in Böhmen zurück, und ließ den Weg nach Wien nur durch eine starke Arriergarde vertheidigen. Er hatte den Plan, entweder die Donau bei Linz wieder zu überschreiten, und so dem französischen Herre in den Rücken zu kommen, oder Wien, das sich einstweilen halten sollte, noch vor den Franzosen zu erreichen, allein Napoleon war eben so rasch vorgeeilt, und der Marsch der Oesterreicher hatte durch mancherlei Hinderniße so viele Zeit erfordert, daß der Erzherzog Maximilian d'Este nicht in der Lage war, Wien ernstlich vertheidigen zu können. Diese Stadt war also schon seit sieben Tagen übergeben, als Erzherzog Karl am linken Donau-Ufer vor Wien erschien.

Die Nähe des Erzherzogs, der nun mit seinem, bis auf hundert tausend Mann verstärkten Heere den nahen Feind bedrohte, die gedrängte Stellung der Armeen, das stark bevölkerte Wien, und die nahe bevorstehenden Anschwellungen der Donau, bestimmten Napoleon, durch einige mit Gehölze bedeckte Donau-Inseln begünstiget, den Uebergang über die Donau zu wagen. Die Insel Lobau ward in Besitz genommen; eine Brücke zwischen den Dörfern Groß-Aspern und Eßling verband beide Donau-Ufer. Die ganze Gegend ward fast in die dichtesten Staubwolken gehüllt, und die allgemeine Bewegung der französischen Truppen erstreckte sich über Simmering nach Kaiser-Ebersdorf.

Nun war der glänzendste Punkt in den Annalen dieses österreichischen Helden erschienen, der 21. und 22. Mai sollte den unverwelkbaren Lorber des Ruhms um das Haupt des großen Feldherrn winden, und die Tage von Eckmühl und Regensburg blutig vergelten. Die Schlacht bei Aspern begann am ersten Pfingsttage. Umsonst versuchte Napoleon mit seiner Kavallerie das österreichische Centrum durchzubrechen. Die Oesterreicher fochten mit unbeschreiblicher Tapferkeit. Mehr als 200 Kanonen waren von beiden Seiten in Thätigkeit; zehnmal wurde Aspern erstürmt, und wieder erobert. Am Abende des schrecklichen Tages sah der Erzherzog sich im Besitze von Enzersdorf, den Lorber des Sieges hatte er errungen, nur die Nacht machte dem blutigen Gefechte ein Ende, und Wien sollte mit dem kommenden Tagesanbruche genommen werden. Mit dem ersten Sonnenstrahle des 2. Pfingsttages erneuerte sich die mörderische Schlacht.

Erzherzog Karl griff nun das französische Centrum an, und bald ward das Handgemenge allgemein. Fünfmal wurde Eßlingen erstürmt, und das geschlagene französische Heer ward genöthigt, den Rückzug auf die Lobau anzutreten. So war die furchtbarste aller Schlachten, die seit dem

Ausbruche der französischen Revolution geliefert worden waren, zum ewigen Kriegsruhme des österreichischen Heeres und ihres unsterblichen Feldherrn geendet.

Die Franzosen rüsteten sich nun zu einem zweiten und kräftig unter-stützten Uebergange, führten denselben auch Anfangs Juli aus, und drangen nach der gewonnenen Schlacht bei Wagram und dem Gefechte bei Znaim bis über Brünn vor, welche Ereignisse dann den Friedensab-schluß zu Wien herbei führten.

Der Erzherzog, bei Wagram verwundet, legte am 31. Juli 1809 zu Littau in Mähren seine Stelle als Kriegsminister und Oberbefehlshaber nieder, begab sich von hier nach Teschen, und kehrte dann später nach Wien zurück. Erst im Jahre 1815 nahm er wieder, jedoch nur auf kurze Zeit, die öffentliche Stelle als Militär-Gouverneur in Mainz an, und vermälte sich dann zu Weilburg am 17. September 1815 mit der Prinzessin Henriette von Nassau-Weilburg, legte auch hierauf die obbenannte Stelle wieder nieder, und begab sich nach Wien zurück. Nach dem Ableben des Herzogs Albert von Sachsen-Teschen, (Siehe Nr. 5.) folgte der Erzherzog in dessen große Besitzungen, und alle üb-rigen Reichthümer, wozu auch der prächtige Pallast in Wien mit allen seinen reichen und seltenen Kunstschätzen gehört.

Kinder.

103. M. Theresia (Isab.), Sternkreuz-Ordensdame, gebo-ren den 31. Juli 1816, und vermält mit Sr. Majestät Ferdinand dem II., Könige beider Sicilien in Person zu Trient am 8. Jän-ner 1837. (Siehe Nr. 130.)

104. Albrecht (Fried. Rudolph), Ritter des goldenen Vließes, k. k. Oberst, und Inhaber des Infanterie-Regiments Nr. 44.; ge-boren den 3. August 1817.

105. Karl (Ferd.) Ritter des goldenen Vließes, k. k. Oberst, und Inhaber des Infanterie-Regiments Nr. 51., geboren den 29. Juli 1818.

106. Friedrich (Ferd. Leop.), der k. k. Marine als Linien-Schiffs-Kapitän zugetheilt, geboren den 14. Mai 1821.

107. Rudolph (Franz), geboren den 25. September, und ge-storben den 11. Oktober 1822.

108. M. Karolina (Ludov. Christ.), geboren den 10. Septem-ber 1825.

109. Wilhelm (Franz Karl), geboren den 21. April 1827.

31. Leopold (Joh. Jos. Euseb.), Ritter des goldenen Vließes, Palatin, königlicher Statthalter und General-Kapitän des Königreichs Ungarn, Inhaber eines Husaren-Regiments ꝛc.; geboren den 14. Au-gust 1772, und gestorben den 12. Juli 1795.

32. Albrecht (Joh. Jof.), geboren den 19. December 1773, und gestorben den 22. Juli 1774.

33. Maximilian (Joh. Jof.) geboren den 23. December 1774, und gestorben den 9. März 1778.

34. Joseph (Ant. Joh.), Ritter des goldenen Bließes, Großkreuz des königl. ungarischen St. Stephans-Ordens, G. E. E. R. und Großkreuz des kaiserl. brasilianischen Ordens vom südlichen Kreuze, Palatin, königlicher Statthalter und General-Kapitän des Königreichs Ungarn, Com. et Jud. Jazyg. et Cuman., k. k. General-Feldmarschall, Inhaber der Husaren-Regimente Nr. 2 und 12, Oberster, und immerwährender Obergespann der vereinigten Gespannschaften Pesth, Pilis und Sohl, Präsident der königl. ungarischen Statthalterei und der Septemviraltafel ꝛc.; geboren den 9. März 1776.

Mit großer Vorliebe studierte er die militärischen und diplomatischen Wissenschaften, und legte schon frühzeitig mehrere Proben seiner hierin erlangten Kenntnisse an den Tag.

Nach dem Tode des Erzherzogs Leopold, Palatins von Ungarn, (Siehe Nr. 31) verlieh ihm sein Bruder Kaiser Franz diesen hohen und wichtigen Posten, auf welchem er sich durch eine Reihe von 40 Jahren die Liebe der Ungarn und das allgemeine Zutrauen im hohen Grade erwarb. Viele wohlthätige und zweckmäßige Einrichtungen, Lehr- und Humanitäts-Anstalten haben ihm ihre Entstehung zu verdanken, so wie Künste und Wissenschaften sich seiner besondern Gunst und Würdigung erfreuen.

Musterhaft war sein Benehmen sowohl in den verhängnißvollen Kriegsjahren 1805 und 1809, wo er sich als geschickter Feldherr zeigte, wie auch in der gefahrvollen Zeit der Cholera im Jahre 1831, wo er durch Festigkeit und kluges Benehmen viele Unfälle verhütete.

Bei der Thronbesteigung Kaiser Ferdinand des I. wurde er durch ein rührendes Handschreiben in seiner hohen Würde vom selben bestätiget.

Seine erste Gemalin war Alexandrine Pawlowna, eine Tochter des russischen Kaisers Paul Petrowitsch, und Schwester des gegenwärtigen Kaisers Nikolaus des I. von Rußland, geboren den 9. August 1783, verlobt den 3. März, und in Person vermält auf dem Schloße zu Gatschina bei Petersburg am 30. Oktober 1799. Sie starb am 16. März 1801.

Seine zweite Gemalin war Hermine, eine Tochter des Herzogs von Anhalt-Bernburg-Schaumburg Viktor Karl (Friedr.) und seiner Gemalin Amalia (Charl. Wilh. Louise), des Fürsten Karl von Nassau-Weilburg Tochter, geboren den 2. December 1797, und vermält zu Schaumburg den 30. August 1815. Sie starb den 14. Sept. 1817.

Die dritte Gemalin ist M. Dorothea (Wilh. Karol.), eine Tochter des Herzogs Ludwig (Fried. Alex.) von Würtemberg, und seiner zweiten Gemalin, Herzogin Henriette, des Fürsten Karl von Naſſau-Weilburg Tochter, geboren den 1. November 1797, und ver= mält zu Kirchheim an der Teck den 24. Auguſt 1819.

Kinder.
Aus der erſten Ehe.

110. Alexandrine (Pawlowna), geboren und geſtorben den 8. März 1801.

Aus der zweiten Ehe.

111. Hermine (Amal. Mar.) Sternkreuz= Ordensdame, und

112. Stephan (Franz Vikt.), Ritter des goldenen Vließes, k. k. Oberſt, und Inhaber des Infanterie = Regiments Nr. 58.

} Zwillinge, gebor. den 14. Sept. 1817.

Aus der dritten Ehe.

113. Eliſabeth (Karol. Henr.), geboren den 31. Juli, und ge= ſtorben den 23. Auguſt 1820.

114. Alexander (Leop. Ferd.), geboren den 6. Juni 1825.

115. Eliſabeth (Franz. Maria), geboren den 17. Jänner 1831.

116. Joſeph (Karl Ludw.), geboren den 2. März 1833.

117. M. Henriette (Anna), geboren den 23. Auguſt 1836.

35. M. Klementine (Joſ. Joh. Fid.), geboren den 24. April 1777, und geſtorben den 15. November 1801. Sie war vermält erſt durch Prokuration zu Wien den 29. September 1790, und dann in Perſon zu Foggia den 25. Juni 1797 mit Franz dem I. (Januar Joſ.), damals königl. Prinzen, ſpäter König beider Sicilien. (Siehe Nr. 46.)

36. Anton Viktor (Joſ. Joh. Raim.), Großmeiſter des deutſchen Ordens im Kaiſerthume Oeſterreich, k. k. Feldzeugmeiſter, und Inhaber des Infanterie = Regiments Nr. 4., geboren zu Florenz den 31. Auguſt 1779, und geſtorben den 2. April 1835.

Nach dem Tode ſeines Onkels Maximilian, Kurfürſten von Köln, wurde er im Monate September 1801 zu deſſen Nachfolger erwählt, entſagte aber dieſer Würde im December 1802, wurde im Jahre 1803 Koadjutor des Hoch = und Deutſchmeiſterthums, und trat, nachdem ſein Bruder der Erzherzog Karl die Großmeiſterſtelle dieſes Ordens reſignirte, an ſeine Stelle als Großmeiſter des deutſchen Ordens, welcher auſſer Oeſterreich aufgehoben ward.

Im Jahre 1816 wurde er Vice = König von Italien, welche Würde aber ſein Bruder der Erzherzog Rainer im Jahre 1818 übernahm, worauf er dann wieder nach Wien zurück ging, und bis zu ſeinem Tode im deut= ſchen Hauſe reſidirte.

Er war auch Protektor der Gesellschaft der Musikfreunde des österr. Kaiserstaates, und des Vereins zur Versorgung und Unterstützung erwachsener Blinden, und überhaupt ein edelmüthiger Beförderer mehrerer gemeinnütziger und wohlthätiger Anstalten, denen er geräusch= und anspruchslos einen bedeutenden Theil seiner Einkünfte zuwendete. Auch war er ein großer Kenner der Geschichte und einer der ersten Botaniker und Blumisten. Mit wahrer großmüthiger Freigebigkeit war er der Wohlthäter der landesfürstlichen Stadt Baden bei Wien, deren nächste Umgebungen ihm den größten Theil ihrer Verschönerung ver= danken.

37. M. Amalia (Jos. Joh. Kath. Ther.), Sternkreuz=Ordensdame, geboren den 15. Oktober 1780 und gestorben den 25. December 1798.

38. Johann Bapt. (Jos. Fab. Sebast.), Ritter des goldenen Blie= ßes, Großkreuz des milit. M. Theresien = Ordens, dann des österr. kaiserl. Leopold = und des königl. würtembergischen Militär = Verdienstordens, dann Ritter des königl. sächsischen Ordens der Rautenkrone, k. k. Feld= marschall, General = Direktor des Genie = und Fortifikations = Wesens, der Ingenieur = und neustädter Militär = Akademie und Inhaber des Dragoner=Regiments Nr. 1 ꝛc. ꝛc. geboren den 20. Jänner 1782. Durch hohen Geist, Wissenschaftsliebe und Gelehrsamkeit, wie auch durch seltene Liberalität, studierte er in frühester Jugend theoretisch die Kriegskunst, für welches Studium, wie für jenes der Geschichte, er die meiste Neigung zeigte. Im Jahre 1800, als Erzherzog Karl das Kommando abgegeben, und Freiherr von Kray mehrere Unfälle erlitten hatte, übernahm er den Oberbefehl des Heeres, mit welchem er auch wieder in Baiern vordrang, jedoch bei Hohenlinden und Salz= burg von Moreau geschlagen wurde, obschon er selbst die größte per= sönliche Tapferkeit bewies, und Alles aufbot, um den Muth der Krieger zu beleben.

Nach dem lüneviller Frieden übernahm er die Stelle eines General= Direktors des Genie= und Fortifikations = Wesens, und wurde zum Direktor der Ingenieur = Akademie zu Wien und jener zu Wiener= Neustadt ernannt, die seinen thätigen Bemühungen und weisen Ein= richtungen ihren jetzigen hohen Grad der Vollkommenheit zu danken haben.

Bei dem Ausbruche des Krieges im Jahre 1805 befehligte er in Tirol, welches Land er früher mehrmalen bereiset, und dabei Pläne für die dortige Volksbewaffnung, Vertheidigung der festen Plätze u. s. w. ent= worfen hatte. Hier zeichnete er sich neuerdings durch heldenmüthige Tapferkeit und die weisesten Maßregeln aus, die aber leider durch die Uebermacht der Feinde ohne Wirkung blieben.

Nach Kärnthen zurück gedrängt, vereinigte er sich daselbst mit dem Erz= herzoge Karl, um mit ihm nach Wien vorzubringen, und diese Haupt=

ſtadt zu retten. Die Schlacht bei Auſterlitz und der darauf erfolgte
Friede von Presburg vereitelten aber dieſes Unternehmen.

Nun widmete er ſich mit lebhaftem Eifer den Wiſſenſchaften, davon
keine ihm fremd geblieben war. Er bereiſte und durchforſchte Steier=
mark, Kärnthen und Salzburg, in ethnographiſcher, naturwiſſenſchaft=
licher, geſchichtlicher, antiquariſcher und künſtleriſcher Hinſicht, wie er
es ſchon früher in Tirol gethan, und reiche Sammlungen in allen
dieſen Zweigen waren die Ausbeute dieſer, theils durch ihn ſelbſt, theils
von Andern gemachten wiſſenſchaftlichen Forſchungen. Als ſich nach dem
tilſiter Frieden auf's Neue der Bruch mit Frankreich vorbereitete,
beſchäftigte er ſich mit einem Angriff= und Vertheidigungs=Syſteme für
Salzburg und Inner=Oeſterreich; zugleich leitete er auch die Organi=
ſation der Reſerve und Landwehre, ſo wie die Maßregeln des wirkungs=
vollen Aufſtandes der Tiroler.

Beim Ausbruche des Krieges vom Jahre 1809 befehligte er das nach
Italien beſtimmte Heer von Inner=Oeſterreich, ſchlug den Feind bei
Venzone, Pordenone und Sacile, und drang bis an die Etſch vor, wo
ihn jedoch der Unfall bei Regensburg nöthigte, ſich wieder zurück
zu ziehen.

Trotz der verlornen Schlacht bei Tordis, war es nicht ſeine Schuld,
wenn der von ihm ausgedachte Plan, die ihm gegenüber ſtehenden
Feinde einzeln zu ſchlagen, und ſo die verlorne Verbindung mit Tirol
wieder herzuſtellen, mißglückte. Hierauf zog er ſich nach Ungarn zurück.
Die Schlacht bei Raab hatte ebenfalls keinen günſtigen Erfolg, den
ungünſtigſten aber die zu ſpäte, jedoch nicht früher mögliche Ankunft
ſeiner Heeresabtheilung zur Schlacht bei Wagram.

Nach dem erfolgten wiener Frieden widmete ſich Erzherzog Johann
mit neuem Eifer ſeinen Obliegenheiten als General=Direktor, zugleich
verſäumte er auch die Pflege und Beförderung der Wiſſenſchaften nicht.
Im Jahre 1811 gründete er das Johanneum zu Grätz, welchem er
ſeine reichen Sammlungen zum Geſchenke machte.

In den Kriegen 1813 und 1814 blieb er ohne Anſtellung, nur im
Jahre 1815 befehligte er die Belagerung von Hüningen, und ordnete
die Zerſtörung dieſer gefährlichen Feſtung nach der Einnahme an. Nach
dem zweiten pariſer Frieden beſuchte er Paris, ging ſodann in Geſell=
ſchaft ſeines Bruders, des Erzherzogs Ludwig, nach England, wo
ſich die hohen Reiſenden von allen Merkwürdigkeiten des Landes, ſo
wie der Stadt London überzeigten, und ſelbſt in der Taucher=Glocke
den Meeresgrund beſuchten. Im Jahre 1816 kehrten beide Erzherzoge
durch die Niederlande nach Wien zurück.

Von dieſer Zeit beſchäftigte er ſich unabläſſig mit der Erfüllung ſeiner
Berufspflichten, ſo wie auch mit wiſſenſchaftlichen Forſchungen. Auch
als Protektor der Landwirthſchafts=Geſellſchaft in Wien hat er viel
Gutes geſtiftet und befördert.

Die Steiermark ist sein Lieblingsaufenthalt, wo er einen Brandhof zu einem wahren Kunsttempel und Pantheon des guten Geschmackes geschaffen hat.

39. Rainer (Jos. Joh. Mich. Franz Hieron.), Ritter des goldenen Vliehes, Großkreuz des königl. ung. St. Stephan- und des kais. österr. Leopold-Ordens; *Vicekönig des lombardisch-venetianischen Königreichs*, k. k. General-Feldzeugmeister, und Inhaber des Infanterie-Regiments Nr. 11, geb. zu Florenz den 30. Sept. 1783. Er erhielt eine sorgfältige, wissenschaftliche Bildung, und zeichnete sich bald durch regen Sinn für höhere Regierungsgeschäfte aus, denen er sich stets auch mit besonderer Vorliebe hingab. Seine Lieblings-Beschäftigung außer seinen militärischen- und andern Studien war die Botanik; zu welchem Zwecke er oft Exkursionen in die für Botanik reiche Ausbeute gewährenden vaterländischen Gebirge unternahm.

Nach der Organisirung des lombardisch-venetianischen Königreichs wurde er von seinem Bruder Kaiser **Franz** dem I. zum **Vicekönige** desselben ernannt, und von Kaiser **Ferdinand** dem I. nach dessen Thronbesteigung in dieser Würde bestätigt.

Unter seiner weisen und zweckmäßigen Verwaltung hat sich das lombardisch-venetianische Königreich eines blühenden Zustandes zu erfreuen, so wie Künste und Wissenschaften an ihm einen eben so eifrigen Verehrer und Beförderer finden.

Auch während der im Jahre 1835 in diesem Königreiche sich gezeigten Cholera-Krankheit legte er die höchste Sorgfalt an den Tag.

Seine Gemalin ist M. Elisabeth (Franz.), geborne Prinzessin von Savoyen-Carignan, Sternkreuz-Ordensdame; geboren den 13. April 1800, und vermält zu Prag den 28. Mai 1820.

(Siehe Nr. 102 und die Genealogie im Anhange von Savoyen-Carignan.)

Kinder.

118. M. Karolina (Aug. Elis. Marg. Doroth.), geboren den 6. Februar 1821.

119. Adelheid (Franz. Mar. Rain. Elis. Klotilde), geboren den 3. Juni 1822.

120. Leopold (Ludw. Mar. Franz Jul. Eustorgius Gerh.), geboren den 6. Juni 1823.

121. Ernst (Karl Fel. Mar. Rain. Gottf. Cyriac), geboren am 8. August 1824.

122. Sigmund (Leop. Mar. Rain. Amb. Val.), geboren am 7. Jänner 1826.

123. Rainer (Ferd. Mar. Joh. Evang. Franz Hygin), geboren den 11. Jänner 1827.

124. Heinrich (Ant. Mar. Raiff. Karl Gregor), geboren den 9. Mai 1828.

125. Maximilian (Karl Mar. Rain. Jof. Marc.), geboren den 16. Jänner 1830.

40. Ludwig (Jof. Ant.), Ritter des goldenen Vließes und Groß=kreuz des königl. ungarischen St. Stephans=Ordens, k. k. Feldzeug=meister, General=Artillerie=Direktor, und Inhaber des Infanterie=Regiments Nr. 8; geboren den 13. December 1784.

Im Feldzuge vom Jahre 1809 befehligte er eine österreichische Heeres=Abtheilung, und zeichnete sich in der Schlacht bei Abensberg aus. Spä=terer Zeit genoß er bei verschiedenen Gelegenheiten die Auszeichnung, die Person des Kaisers Franz, während deſſen Abwesenheit zu reprä=sentiren. Nach dem Tode des Feldmarschalls Grafen von Kolloredo erhielt er deſſen Würde als General=Direktor der Artillerie, und seit mehr als 15 Jahren ist ihm bei seinen tiefen Einsichten, einer äu=ßerst verläßlichen Auffassung, und streng gerechter Beurtheilung aller Gegenstände, auch noch die unmittelbare Erledigung verschiedener Re=gierungsgeschäfte überlaſſen worden, worüber er zugleich die Entschlie=ßungen mit der Ausfertigung auf Befehl des Kaisers, oder auch in die=ser Art ausgefertigte Kabinetsschreiben unterzeichnete.

Bei dem Regierungsantritte des jetzigen Monarchen Sr. Majeſtät Kai=ser Ferdinand des I. wurde mit allerhöchstem Handschreiben vom 4. März 1835, die während einer Reihe von Jahren durch Weisheit und erhabene Gesinnung rühmlich bezeichnete Wirksamkeit des Erzherzogs für einen Theil der Regierungsgeschäfte auf gleiche Art fortdauernd wie=der, in Anspruch genommen.

41. Rudolph (Joh. Jof. Rain.), Großkreuz des königl. ungari=schen St. Stephan=Ordens, Ritter des königl. sächsischen Ordens der Rautenkrone, und des königl. bairischen St. Huberts=Ordens, Kar=dinalpriester der heil. römischen Kirche titulo St. Petri in monte aureo, Fürst=Erzbischof von Olmütz, und Graf der königl. böh=mischen Kapelle ꝛc.; geboren zu Florenz den 8. Jänner 1788, und ge=storben in dem Kurorte zu Baden nächst Wien den 23. Juli 1831.

Nach erhaltener sorgfältiger Erziehung hatte er sich den militärischen Wissenschaften gewidmet, sein frommer Sinn, und eine schwächliche Gesundheit bestimmten ihn aber in der Folge den geistlichen Stand zu wählen.

Nach vollendeten theologischen Studien erhielt er die Priesterweihe, und war schon früher Koadjutor des damaligen Fürst=Erzbischofs von Olmütz Grafen von Kolloredo, nach deſſen Tode er ihm aber nicht gleich unmittelbar, sondern erst im Jahre 1819 in dieser hohen Würde nachfolgte. Am 28. September deſſelben Jahres wurde er auch zu Wien mit dem Kardinals=Barette geschmückt.

Die erzbischöfliche Diöcese zu Olmütz hat diesem vielseitig gebildeten Erzherzoge viele nützliche und zweckmäßige Einrichtungen zu verdanken. Unter mehreren Wissenschaften liebte und schätzte er vorzüglich die Musik und die Künste überhaupt. Er war ein Freund und Schüler des großen Tondichters Ludwig van Beethoven, besaß selbst viele Fertigkeit im Pianofortespiele, und lieferte mit der Radir-Nadel sowohl Kupferstiche nach eigenen Handzeichnungen, als auch einige geistreiche Musik-Kompositionen. Im hohen Grade übte er auch Milde, Wohlthätigkeit und echte Humanität aus.

10. Karolina, geboren und gestorben den 17. September 1748.

11. Johanna (Gabr. Jos. Ant.), geboren den 4. Februar 1750, und gestorben den 23. December 1762.

12. Josepha (Gabr. Ant. Anna), geboren den 19. März 1751, und verlobt mit Ferdinand dem I., Könige beider Sicilien; gestorben den 15. Oktober 1767. (Siehe Nr. 13.)

13. M. Karolina. (Ludov. Joh. Jos. Ant.), Sternkreuz-Ordensdame und St. Katharina-Ordensdame, geboren den 13. August 1752 und gestorben den 8. Sept. 1814. Sie war vermält erst durch Prokuration zu Wien am 7. April, und dann zu Kaserto den 12. Mai 1768 in Person mit Ferdinand dem I. (vorher IV.) Ant. Paskal. Johann Nep. Seraph. Janu. Bened.; von Bourbon, Infant von Spanien, Könige beider Sicilien, Ritter des goldenen Vließes, Großkreuz des königl. ung. St. Stephans- und des kaiserl. österr. St. Leopolds-Ordens, Ritter des kais. ruß. St Andreas- und des königl. französ. Ordens vom heil. Geiste, und Großkreuz des spanischen Ordens von Karl dem III. ꝛc.; geboren den 11. Jänner 1751, und gestorben den 4. Jänner 1825.

Ferdinand erhielt von seinem Vater Karl dem III., welcher den Thron von Spanien erbte, das Königreich Neapel, und übernahm im Jahre 1767 die Regentschaft, welche bisher unter dem Vorsitze des Marquis Tanucci geführt ward.

Unter seiner Regierung schloß sich dieses Königreich ganz an Oesterreich an, trat der Koalition gegen Frankreich bei, schloß zwar mit selber Frieden, trat aber neuerdings als Gegner desselben auf, wodurch im Jahre 1799 Ferdinand das Königreich Neapel verlor, und sich nach Palermo flüchten mußte. Zwar erhielt Ferdinand nach einigen Monaten Neapel wieder, mußte aber den Frieden vom Jahre 1801 unter schweren Bedingungen erkaufen. Bei der Landung von 12,000 Rußen an den Küsten Neapels erklärte Frankreich den geschlossenen Vertrag für verletzt, besetzte das Land, und zwang Ferdinand wiederholt zur Flucht nach Sicilien, wo er wegen einer entstandenen Entzweiung der Königin, seiner Gemalin, mit den dieses Land besetzt haltenden Engländern, die Regierung dieses Landes interimistisch im Jahre 1809 seinem Sohne Franz übergab, aber bei der im Jahre 1811 erfolgten Abreise der Königin es wieder übernahm.

Erst im Jahre 1814 wurde er am Kongreße zu Wien sowohl für sich, als für seine Erben auf den Thron von Neapel wieder eingesetzt, und von den Mächten als König beider Sicilien anerkannt, und zog, nachdem der von Napoleon ernannte König Murat von den Oesterreichern vertrieben ward, in der Hauptstadt Neapel am 15. Juni 1815 ein, worauf er den Titel eines Königs beider Sicilien mit dem Namen Ferdinand I. annahm.

Nach dem Tode der Königin Karoline vermälte er sich zum zweiten Male mit der verwittweten Prinzessin von Partana. Seine segenreiche Regierung wurde im Jahre 1820 durch die Umtriebe unruhiger und schwindelnder Köpfe unterbrochen, die leider in Italien den bösen Geist einer, nur die gesetzliche Ordnung zerstörenden Verzweigung zu verbreiten bemüht waren. Aber der für das heilige Gesetz und die wohlthuende Ordnung so bedachte Kaiser Franz I. beschied den König Neapels zu einem Kongreße nach Laibach, schickte eine österreichische Macht unter dem Ober-Befehle des Generals Freiherrn v. Frimont auf neapolitanischen Boden, wodurch in sehr kurzer Zeit, zur Freude der Bewohner dieses Königreichs, die Ruhe wieder hergestellt wurde und König Ferdinand in seine Staaten zurück kehrte. Ferdinand starb plötzlich am Schlagflusse den 3. Jänner 1825.

Kinder *).

42. **M. Theresia** (Karol. Jos.), geboren zu Neapel den 6. Juni 1772, war die zweite Gemalin Kaiser Franz des I. von Oesterreich. (Siehe Nr. 27.)

43. **Ludovika** (M. Amal. Theres.), Sternkreuz-Ordensdame, geboren den 27. Juli 1773, Gemalin Ferdinands, Großherzogs von Toskana. (Siehe Nr. 28.)

44. **Karl** (Franz Jos.), Herzog von Apulien, Ritter des St. Januarius-Ordens, geboren den 6. Jänner 1775 und gestorben den 17. December 1778.

45. **M. Anna** (Jos.), geboren den 23. November 1775 und gestorben den 22. Februar 1780.

46. **Franz I.** (Jan. Jos.) von Bourbon, Infant von Spanien, König beider Sicilien, Ritter des goldenen Vließes und des russ. kais. St. Andreas-, Großkreuz des spanischen Ordens von Karl dem III., geboren den 19. August 1777 und gestorben den 8. November 1830. Er folgte seinem Vater Ferdinand dem I. im Jahre 1825. Seine erste Gemalin war Maria Klementine, Erzherzogin von Oesterreich. (Siehe Nr. 35.)

Seine zweite Gemalin war M. Isabella, eine Tochter des Königs Karl des IV. von Spanien, geboren den 6. Juni 1789 und vermält

*) Königliche Prinzen und Prinzessinen.

erſt durch Prokuration zu Madrid den 6. Juli, und in Perſon zu Barcelona den 6. Oktober 1808. (Siehe Genealogie im Anhange von Spanien 5.)

Kinder*)
aus der erſten Ehe.

126. M. Karolina (Thereſ. Ludov.), geboren den 5. November 1798, Sternkreuz-Ordensdame, vermält durch Prokuration den 10. April, und in Perſon den 17. Juni 1816 mit Karl Ferdinand von Artois, Herzog von Berri, ein Sohn Karl des X. von Frankreich und M. Thereſia, des Königs Viktor Amadeus des III. von Sicilien Tochter; geboren den 24. Jänner 1778, und geſtorben den 14. Februar 1820.

(Siehe Genealogie im Anhange von Frankreich.)

Kinder

192. Louiſe Iſabella von Artois, gebor. den 13., und geſtorb. den 14. Juli 1817.

193. ungenannt, geſtorben während der Geburt den 13. September 1818.

194. Louiſe (Mar. Thereſ.), Md. von Artois, geboren den 21. September 1819.

195. Heinrich (Karl Ferd. Mar. Deodat) von Artois, Herzog von Bordeaux, damaligen Grafen von Chambord, geboren den 29. September 1820. (Poſthumus.)

Er verließ mit dem Könige Karl dem X., welcher am 2. Auguſt 1830 zu ſeinen Gunſten als Heinrich V. der Krone entſagt hatte, gleichzeitig auch Frankreich.

127. Ferdinand (Franz), geboren den 27. Auguſt 1800, und geſtorben den 1. Juli 1801.

aus der zweiten Ehe.

128. M. Ludovika (Charl.), geboren den 24. Oktober 1804, und vermält erſt durch Prokuration zu Neapel den 15. April, und dann in Perſon den 12. Juni 1819 mit Don Francesco di Paolo (Ant. Mar.), Infant von Spanien, und General-Kapitän der Armeen; geboren den 10. März 1794.

(Siehe Genealogie im Anhange von Spanien 6.)

Kinder.

196. Franz d'Asis (Ludw. Ferd.), Herzog von Kadix, geboren den 6. Mai 1820, und geſtorben den 15. November 1821.

---

*) Königliche Prinzen und Prinzeſſinen.

197. **Isabella** (Franz Jos.), geboren den 18. Mai 1821.

198. **Franz d' Asis** (Mar. Ferd.), Herzog von Kadir, geboren den 13. Mai 1822.

199. **Karl Heinrich** (Mar. Ferd.), Herzog von Sevilla, geboren den 12. Juni 1823.

200. **Ludovika** (Theres.), geboren den 11. Juni 1824.

201. **Philipp** (Eduard Mar.), Herzog; gebor. den 5. April 1826, und gestorben im Jahre 1830.

202. **Josepha** (Ferd. Karol.), geboren den 25. Mai 1827.

203. **M. Theresia** (Karol.), geboren den 16. November 1828, und gestorben den 13. November 1829.

204. **Ferdinand** (Maria), geboren den 10. April 1832.

205. **M. Christina** (Isabella), geboren den 5. Juni 1833.

206. **Amalia** (Philippine), geboren den 12. Oktober 1834.

129. **M. Christina,** Sternkreuz = Ordensdame, geboren den 27. April 1806, und vermält als vierte Gemalin zu Madrid den 11. Oktober 1829 mit Ferdinand dem VII., König von Spanien, geboren den 14. Oktober 1784, und gestorben den 29. September 1833.

Seit dem Tode ihres Gemals ist sie mit dem ältesten Bruder des verewigten Königs, Don Karlos, in einen Krieg verwickelt.

Ferdinand VII. hatte vor seinem Ableben in Folge der Bestimmung über die Thronfolge = Ordnung vom 29. März 1830 seine erstgeborne Prinzessin M. Isabella als Erbin des Reichs feierlich durch diesen von den Cortes genehmigten Akt unter der Vormundschaft der verwittweten Königin = Mutter erklärt, welches Recht aber durch den Infanten Don Karlos streitig gemacht, die Veranlassung eines Faktionskrieges in Spanien wurde, dessen Resultat noch unentschieden ist.

Die erste, zweite und dritte Gemalin Ferdinands. (Siehe Nr. 53.)

(Siehe auch Genealogie im Anhange von Spanien 3.)

Kinder.

207. **M. Isabella** (Louise), Prinzessin von Asturien, geb. den 10. Oktober 1830. Als Königin proklamirt zu Madrid den 2. Oktober 1833, und auch von einigen Mächten als solche anerkannt.

208. **M. Ludovika** (Ferd.), geboren den 30. Jänner 1832.

130. **Ferdinand** II. Karl von Bourbon, Infant von Spanien, König beider Sicilien ꝛc, geboren den 12. Jänner 1810.

Er folgte seinem Vater Franz dem I. den 8. November 1830 in der Regierung, und vermälte sich zu Genua den 21. November 1832 mit M. Christina (Karol. Jos. Gaët. Elis.), geboren den 14.

November 1812, eine Tochter des verstorbenen Königs **Viktor Emanuel** von Sardinien ꝛc. (Siehe Nr. 158.)

Sie starb den 31. Jänner 1836.

Ferdinand vermälte sich zum zweiten Male mit M. **Theresia**, einer Tochter des Erzherzogs **Karl** von Oesterreich, zu Trient den 8. Jänner 1837. (Siehe Nr. 103.)

Kind
aus der ersten Ehe.

209. **Franz** d'Asis (Mar. Leopold), Kronprinz, geboren den 16. Jänner 1836.

131. **Karl Ferdinand,** Prinz von Kapua, geboren den 10. Oktober 1811.

132. **Leopold** (Benj. Jos.), Graf von Syrakusa, und General-Statthalter von Sicilien, geboren den 22. Mai 1813.

133. **M. Antonia,** geboren den 19. December 1814, und vermält mit **Leopold** dem II., Großherzog von Toskana.
(Siehe Nr. 100.)

134. **Anton** (Pasqual), Graf von Lecce, geboren den 23. September 1816.

135. **M. Amalia,** geboren den 28. Februar 1818, und vermält durch Prokuration zu Neapel den 7. April, und dann in Person zu Aranjuez den 25. Mai 1832 mit **Don Sebastian** (Gabr.) von Braganza und Bourbon, Ober-Prior von St. Jean, Infant von Spanien; geboren den 14. November 1811, ein Sohn des Infanten **Peter,** und der Infantin M. **Theresia** von Braganza und Bourbon. (Siehe Genealogie im Anhange von Portugal a.)

136. **Karolina** (Ferd.), geboren den 25. Februar 1820.

137. **Theresia** (Christ. Mar.), geboren den 14. März 1822.

138. **Alois** (Karl Mar. Jos.), Graf von Aquila, geboren den 19. Juli 1824.

139. **Franz** (Paul Ludw. Eman.), Graf von Trapani, geboren den 13. August 1827.

47. **M. Christina** (Amal.), geboren den 17. Jänner 1778, und gestorben den 25. Februar 1783.

48. **M. Christina** (Theres.), Sternkreuz-Ordensdame, auch Dame des Ordens der Königin M. **Ludovika,** geboren den 17. Jänner 1779, und vermält den 17. März 1807 mit **Karl Felix** (Jos.), Herzog von Genevois, geboren den 6. April 1765, und gestorb. den 27. April 1831. Nachdem **Viktor Emanuel** zu Gunsten seines Bruders die Krone nieder gelegt, so bestieg er den Thron von Sardinien den 13. März 1821.
(Siehe Genealogie von Sardinien 3.)

49. Januar (Karl Franz), Großmeister des konstantinischen Ordens, geboren den 12. April 1780, und gestorben den 1. Jänner 1789.

50. Joseph, geboren den 28. Juni 1781, und gestorben den 19. Februar 1783.

51. M. Amalia, Sternkreuz-Ordensdame, auch Dame des Ordens der Königin M. Ludovika, geboren den 26. April 1782, und vermält den 25. November 1809 mit Ludwig Philipp dem I., Könige der Franzosen, geboren den 6. Oktober 1773.

(Siehe Genealogie von Frankreich.)

Die von Karl dem X. seinem Enkel Heinrich, Herzog von Bourdeaux, vorbehaltenen Rechte wurden nicht berücksichtigt, und die Kammern beriefen im Namen der Nation den nächsten Seitenverwandten des Herrscher-Stammes, den Herzog von Orleans, ehemaligen Herzog von Chartres zur Krone, worauf derselbe diesem Rufe Folge leistete, und sich nach beschworner Konstitution den 9. August 1830 unter dem Titel »König der Franzosen«, als Ludwig Philipp I., an die Spitze der Regierung stellte *).

Kinder.

140. Ferdinand (Philipp Ludw. Karl Heinr. Jos.), Herzog von Orleans, Kronprinz; geb. zu Palermo den 3. Septemb. 1810, und vermält zu Fontainebleau den 29. Mai 1837 mit Helene, Prinzessin von Mecklenburg-Schwerin, gebor. den 24. Jänner 1814.

141. Louise (M. Theres. Charl. Isab.) von Orleans, geboren zu Paris den 3. April 1812, und vermält zu Compiegne den 9. August 1832 mit Leopold dem I. (Georg Christ. Fried.), König von Belgien, Herzog von Sachsen-Koburg-Gotha, geboren den 16. December 1790.

Leopold war Wittwer seit 6. November 1817 von der Prinzessin von Wales, Charlotte Auguste, einer Tochter des Königs Georg des IV. von England.

(Siehe Genealogie von Großbritanien a.)

Er wurde von dem belgischen Kongreße am 4. Juni zum Könige der Belgier erwählt, erklärte am 26. Juni die Annahme der ihm dargebotenen Krone bedingnißweise, und am 12. Juli bestimmt; hielt hierauf seinen Einzug, leistete den verfaßungsmäßigen Eid zu Brüssel, und trat am 21. Juli 1831 die Regierung an.

---

*) Karl X. aus dem älteren bourbonischen Zweige folgte seinem Bruder dem Könige Ludwig dem XVIII. am 16. September 1824, gekrönt zu Rheims den 29. Mai 1825. Er entsagte, ddo. Rambouillet den 2. August 1830, zu Gunsten des Herzogs von Bourdeaux, der Krone, reiste von Rambouillet am 4. August nach Cherbourg ab, und verließ am 16. August Frankreich. Diesem folgte auch sein Sohn Ludwig (Ant.), Dauphin, nachdem er seinem Rechte auf die Krone, zu Gunsten des Herzogs von Bourdeaux, am 2. August 1830 entsagt hatte.

Kinder.

210. Ludwig (Phil. Leop. Vikt. Ernst, geboren den 24. Juli 1833, und gestorben den 16. Mai 1834.

211. Leopold (Ludw. Phil. Mar. Vikt.); Kronprinz, geboren den 9. April 1835.

212. Philipp (Ferd. Eug. Leop. Georg), geboren den 21. März 1837 im Schloße von Laeken.

142. M. Christina (Karol. Adel. Franz. Leop.), geboren den 12. April 1813.

143. Ludwig (Karl Phil. Raph.), Herzog von Nemours, geboren den 25. Oktober 1814.

144. Franziska, Md. von Montpensier, geboren den 28. März 1816, und gestorben den 20. Mai 1818.

145. M. Klementine (Karol. Leop. Klot.), geboren den 3. Juni 1817.

146. Franz (Ferd. Phil. Ludw. Mar.), Herzog von Joinville, geboren den 14. August 1818.

147. Karl (Ferd. Ludw. Phil. Emer.), Herzog von Penthievre, geboren den 1. Jänner 1820, und gestorben den 25. Juli 1832.

148. Heinrich (Eug. Phil. Ludw.), Herzog von Aumale, geboren den 16. Jänner 1822.

149. Anton (Mar. Phil. Ludw.), Herzog von Montpensier, geboren den 31. Juli 1824.

52. ungenannt, eine Prinzessin, geboren und gestorben den 19. Juli 1783.

53. M. Antonia (Theref.), Sternkreuz-Ordensdame, auch Dame des Ordens der Königin M. Ludovika, geboren den 14. December 1784, und gestorben den 21. Mai 1806. Sie war vermält als erste Gemalin, erst durch Prokuration zu Neapel den 21. August, und dann in Person zu Barcelona im Oktober 1802 mit Ferdinand dem VII., Könige von Spanien.

Nach dem Tode M. Antoniens vermälte er sich mit Isabella Maria, einer Tochter König Johann des VI. von Portugal, gestorben den 26. December 1818, nach dem Tode dieser zweiten Gemalin mit M. Josepha (Siehe Nr. 79), und endlich mit der vierten Gemalin M. Christina (Siehe Nr. 129).

Ferdinand zwang seinen Vater Karl den IV. zur Abdankung, wurde aber auch seiner Seits von dem damaligen Kaiser Napoleon zu Bayonne zur Abdankung gezwungen, und erhielt sein Land erst nach der Einnahme von Paris, von Seite der Alliirten wieder zurück.

Er verfagte der Konftitution vom Jahre 1812 feine Beftätigung, berief
wegen neuerlichen Verlangen diefer Konftitution nach ausgebrochenen
Unruhen im Jahre 1820 die Cortes zufammen, worauf dann eine, die
Exiftenz des Königthums gefährdende Bewegung Statt fand, und da
nach dem Verlangen der heiligen Allianz keine Aenderung eintrat, fo
rückten im Jahre 1823 die Franzofen in Spanien ein, um die alte
Ordnung herzuftellen. Der König folgte den Cortes auf ihr Zureden nach
Sevilla, aber von hieraus wollte er ihnen nicht mehr folgen, fie ent-
führten ihn fomit nach Cadix, und hielten ihn hier vom Monate Juni
bis September feft. Hier befreite ihn endlich der Anführer der Franzofen, der Herzog von Angoulême, und führte ihn in Madrid ein.

Die Franzofen kehrten zwar nach hergeftellter Ordnung wieder zurück,
aber Ferdinands Regierung blieb theils durch den fteten Minifter-
wechfel, theils durch die, wegen der künftigen Thronfolge fich bildenden Parteien immer beunruhigt, welche Letztere fogar nach Ferdinands
Tod offen gegen einander auftraten, und noch immer mit den Waffen
in der Hand zum größten Nachtheile des Landes fich gegenüber ftehen.

54. M. Klotilde (Theref.), geboren den 18. Februar 1786, und
geftorben den 10. September 1792.

55. Henriette (Carmelle), geboren den 31. Juli 1787, und geftorben den 21. September 1792.

56. Karl (Ludw.), geboren den 26. Auguft 1788, und geftorben den
1. Februar 1789.

57. Leopold (Joh. Jof.), königl. Prinz von beiden Sicilien, Prinz
von Salerno, Großkreuz des königl. ungarifchen St. Stephan-Ordens,
und Inhaber des k. k. Infanterie-Regiments Nr. 22.; geboren den 2.
Juli 1790, und vermält mit M. Klementine, Erzherzogin von
Oefterreich rc. (Siehe Nr. 91.)

Kinder.

150. ungenannt, eine Prinzeffin, geboren den 16., und geftorben den 17. September 1819.

151. M. Karolina (Augufta), geboren den 26. April 1822.

152. ungenannt, eine Prinzeffin, geboren und geftorben den
5. Februar 1829.

58. Albert (Phil. Kajet.), geboren den 2. Mai 1792, und geftorben
den 26. December 1798.

59. M. Elifabeth, geboren den 2. December 1793, und geftorben im Jahre 1801.

14. Ferdinand (Karl Ant. Jof. Joh. Stanisl.), Ritter des goldenen Vließes, Großkreuz des königl. ungarifchen St. Stephan-Ordens, k. k.
General-Feldmarfchall, und Inhaber eines Infanterie-Regiments rc.; geboren den 1. Juni 1754.

Unter der Regierung der Kaiserin M. Theresia wurde er Statthalter in der österreichischen Lombardei bis zum Jahre 1796, und starb den 24. December 1806. Er war verlobt den 26. April 1770, und dann in Person vermält den 15. Oktober 1771 mit M. Beatrix Riccarda d'Este, Erzherzogin von Oesterreich, Herzogin zu Massa und Carrara, Sternkreuzordensdame, geboren den 7. April 1750 und gestorben den 14. November 1829.

Sie war die einzige Tochter des Herzogs Herkules des III. (Rainold) von Modena, des letzten aus dem alten, berühmten, italischen Fürstenhause d'Este *). Ihr Vater hatte sich schon mit der Erbin des Herzogthums Massa und Carrara, M. Theresia von Cibo-Malaspina, vermält, verlor aber im Jahre 1797 im Frieden von Campo-formio die sämmtlichen Staaten an die Franzosen, und erhielt dafür durch den lüneviller Friedensschluß für Modena, unter dem Titel eines Herzogthums, das österr. Breisgau, welches aus dem Breisgau'schen und der Ortenau bestand, dessen Regierung er bald darauf seinem Schwiegersohne, Erzherzog Ferdinand überließ, und im Jahre 1803 als letzter Stamm des Hauses d'Este zu Treviso starb.

Das Breisgau'sche ging durch den preßburger Frieden für Ferdinand und M. Beatrix ebenfalls verloren, und der jetzt in Modena regierende Erzherzog Franz IV. (siehe Nr. 63) gelangte erst im Jahre 1814 zum Wiederbesitze der Modena'schen Staaten.

Um dieselbe Zeit trat auch die verwittwete Erzherzogin M. Beatrix die Regierung des schon im Jahre 1790 von ihrer Mutter ererbten Herzogthums Massa und Carrara an, womit der wiener Kongreß noch das kaiserl. Lehen in der Lunigiana mit der Bestimmung verbunden hat, daß nach ihrem Tode dieses gesammte Herzogthum an ihren genannten Sohn zu gelangen hätte, welches auch nach ihrem Tode wirklich erfolgte.

Kinder **).

60. **M. Theresia** (Joh. Jos.), geboren den 1. November 1773 und gestorben den 27. März 1832.

Sie wurde vermält erst durch Prokuration zu Mailand den 29. Juni 1788, und dann in Person zu Navarra den 21. April 1789 mit

---

*) D'Este ist eines der ältesten und berühmtesten Geschlechter in Italien, welches seinen Ursprung nach Muratorio aus dem zehnten Jahrhunderte herschreibt, wo es unter den kleinen Fürsten, welche die Karolinger in Toskana als Statthalter hatten, entstanden seyn soll. Im Jahre 1797 starb der Mannesstamm dieses berühmten Geschlechtes mit dem Herzoge Herkules dem III. aus, der seine einzige Tochter M. Beatrix mit dem Erzherzoge Ferdinand von Oesterreich vermält hatte, wodurch nun der neue Regentenstamm Oesterreich d'Este entstand.

**) Königliche Prinzen und Prinzessinen von Ungarn und Böhmen, Erzherzoge und Erzherzoginen von Oesterreich d'Este.

Viktor Emanuel Kajetan, König von Sardinien, geboren den 24. Juli 1759.

Er folgte auf den Thron von Sardinien durch Cession seines am 6. Oktober 1819 verstorbenen Bruders, des Königs Karl Emanuel des IV., unter dem Namen Emanuel I.; legte aber am 13. März 1821 zu Gunsten seines Bruders Felix die Regierung wieder nieder, und lebte in der Folge zu Turin, worauf er zu Montialieri am 10. Jänner 1824 starb. (Siehe Genealogie von Sardinien 2.)

Kinder.

153. M. Beatrix (Vikt. Jos.), Sternkreuz-Ordensdame, geboren den 6. December 1792, und vermält mit Franz dem IV., königl. Prinzen von Ungarn und Böhmen, Erzherzog von Oesterreich, Herzog von Modena, Massa und Carrara 2c. (Siehe Nr. 63.) M. Beatrix starb den 29. März 1832.

154. M. Klotilde (Adelh. Karol.), geboren den 2. Oktober 1793, und gestorben den 2. August 1795.

155. Karl Emanuel (Vikt. Amad.), geboren den 3. November 1796, und gestorben den 8. August 1799.

156. M. Theresia (Ferd.), Sternkreuz-Ordensdame, Zwillingsschwester mit M. Anna, geboren den 19. September 1803, und vermält erst durch Prokuration zu Turin den 15. August, und vollzogen in Person zu Lucca den 5. September 1820 mit Karl Ludwig, Infant von Spanien, Erbprinz von Lucca 2c.

(Siehe Nr. 80.)

157. M. Anna Karolina (Pia), Sternkreuz-Ordensdame, Zwillingsschwester mit M. Theresia, geboren den 19. September 1803, und vermält mit Sr. Majestät Kaiser Ferdinand dem I. von Oesterreich 2c. 2c. (Siehe Nr. 87.)

158. M. Christina (Karol.), geboren den 14. November 1812, und vermält mit Ferdinand dem II. von Bourbon, Infant von Spanien, König beider Sicilien 2c. gestorben den 31. Jänner 1836. (Siehe Nr. 130.)

61. Josepha (Ferdin. Joh, Ambros.), geboren den 13. Mai 1775 und gestorben den 20. August 1777.

62. M. Leopoldine (Anna Jos. Joh.), geboren den 10. December 1776, und vermält zu Innsbruck den 14. Februar 1795 mit Karl Theodor, Kurfürsten von Pfalzbaiern. Wittwe seit 16. Februar 1799.

63. Franz IV. (Jos. Karl Ambr. Stanisl.), Herzog von Modena, Massa und Carrara, Ritter des goldenen Vließes, Großkreuz des königl. ung. St. Stephans-Ordens, Ritter des russ. kais. Ordens St. Andreas,

St. Alexander Newsky und des St. Annen-Ordens erster Klasse, dann Großkreuz des königl. sicilianischen St. Ferdinands Verdienst-Ordens, k. k. General der Kavallerie und Inhaber des Kürassier-Regiments Nr. 2 2c. 2c. geboren den 6. Oktober 1779 und vermält zu Cagliari den 20. Juni 1812 mit M. Beatrix, ältesten Tochter des Königs Viktor Emanuel von Sardinien 2c. 2c. (Siehe Nr. 153.)

Als ihm sein väterliches Erbtheil zur Zeit der französischen Gewalt-herrschaft entrissen ward, lebte er bis zum Jahre 1814 am kaiserlichen Hofe zu Wien. Durch die Traktate vom Jahre 1814 und 1815 kam er wieder zum Besitze des Herzogthums Modena, nahm den Namen d'Este an, und wurde sodann Stifter des neuen Zweiges dieses alten und berühmten Geschlechtes.

Im Jahre 1829 erbte er durch den Tod seiner Mutter die Herzogthümer Massa und Carrara, und vereinigte sie mit seinem Gebiete.

Im Februar 1831 brach in Modena, im Einklange mit den übrigen Revolutionsbewegungen in Oberitalien, eine gefährliche Verschwörung aus, wodurch er, nach einigen vergeblich versuchten Gewaltmaßregeln zur Unterdrückung derselben, genöthiget wurde, in die kaiserlichen Staaten zu fliehen.

Sogleich wurde zu Modena eine provisorische Regierung eingesetzt, welche sich mit jener zu Bologna befindlichen in Verbindung setzte, gegen deren Verfügung der Herzog jedoch eine nachdrückliche Protestation erließ. Mittlerweile waren österreichische Truppen im Herzogthume eingerückt, die Revolution unterdrückt, und der Herzog am 9. März in Modena wieder eingezogen. Im Jahre 1832 wurde abermals eine Verschwö-rung entdeckt, durch die Bestrafung des Urhebers und der Mitschuldigen ward aber die Ruhe im Herzogthume bald wieder hergestellt.

Kinder.

159. M. Theresia (Beatrix), geb. den 14. Juli 1817.

160. Franz (Ferd. Geminian), Ritter des goldenen Vließes, geboren den 1. Juni 1819.

161. Ferdinand (Karl Vikt.), geboren den 19. Juli 1821.

162. M. Beatrix (Anna Franz.), geb. den 13. Februar 1824.

64. Ferdinand (Karl Jos.), Ritter des goldenen Vließes, Groß-kreuz des königl. ungar. St. Stephan-, und Ritter des militärischen M. Theresien-, des russ. kais. St. Andreas-, des Alexander Newsky-und des St. Annen-Ordens erster Klasse, Großkreuz des königl. sicilian. St. Ferdinands- und Verdienst-, dann des königl. hannover. Guelphen-Ordens, k. k. General der Kavallerie, General-Civil- und Militär-Gouverneur des Königreichs Galizien, und Präsi-dent der galizischen Herren-Stände. Inhaber des k. k. Husaren-Regiments Nr. 3 und eines russ. kais. Husaren-Regiments, geboren zu Modena den 25. April 1781.

Im Jahre 1805 erhielt er den Oberbefehl des dritten Armeekorps, be=
setzte Baiern, und stellte sich in Schwaben auf.

Der Chef des Generalstabes, Feldzeugmeister Mack, ließ sich in seiner
Stellung an der Iller zwischen Ulm und Günzburg umgehen und von
der Verbindungslinie mit Baiern, Oesterreich und Tirol abschneiden,
worauf Ferdinand, der sich an der Spitze der österreichischen Armee
befand, von Marschall Ney bei Günzburg geschlagen wurde.

Das Schicksal des in Ulm eingeschloßenen Heeres voraus sehend, veran=
laßte bei Erzherzog Ferdinand den heldenmüthigen Entschluß, sich
durchzuschlagen; er gelangte mitten durch die Feinde nach Oettingen,
zog die Trümmer des Hohenzollern'schen Heeres an sich, und durch=
brach Murats Reiterei, doch dieser holte bei Gunzenhausen an der
Altmühl den Erzherzog Ferdinand wieder ein, konnte aber die
Fortsetzung seines Rückzuges mit Aufopferung des Geschützes und der
Infanterie nicht verhindern.

Bei Eschenau abermals vom Feinde erreicht, gelangte er nach tapferem
Widerstande nach Eger. Nun erhielt er den Oberbefehl über die k. k.
Truppen in Böhmen, organisirte den Landsturm, gewann mehrere
glückliche Gefechte gegen die Baiern, und deckte den rechten Flügel
der verbündeten Armee, bis diese die unglückliche Schlacht bei Austerlitz
lieferte.

Hierauf wurde er kommandirender General von Mähren und Schlesien,
organisirte im Jahre 1808 in diesen Provinzen die Landwehre, erhielt
im Jahre 1809 den Oberbefehl über das erste Armeekorps, welches über
die Pilika in das Herzogthum Warschau einrückte, wo ihm Ponia=
towsky bei Raszyn tapfern Widerstand leistete.

Fürst Poniatowsky übergab Warschau mit Kapitulation, behauptete
aber Praga und das rechte Weichselufer. Nachdem Dombrowsky
durch einen Uebergang über die Bzura die Oesterreicher genöthigt hatte,
Warschau zu räumen, eroberte zwar Ferdinand Galizien, welches
die Polen besetzt hatten, wieder, doch verdrängte Poniatowsky
die Oesterreicher aus Lemberg und Sandomir, nahm dann Galizien für
Napoleon in Besitz, und rückte in Krakau ein.

Der Waffenstillstand zu Znaim machte dann dem Kriege in Galizien
ein Ende.

Im Feldzuge vom Jahre 1815 übernahm Ferdinand den Oberbefehl
über die österreichische Reserve, ging mit zwei Abtheilungen derselben
über den Rhein, und rückte, nachdem Kolloredo den Feind unter
Lecourbe zwang, sich nach Belfort zu werfen, nach Lüneville vor,
wo die Entscheidung der Schlacht bei Waterloo jede weitere Operation
entbehrlich machte.

Im Jahre 1816 wurde er zum kommandirenden Generale im Königreiche
Ungarn ernannt, und im Jahre 1830 ging er als General=Civil= und
Militär=Gouverneur im Königreiche Galizien nach Lemberg ab.

65. Maximilian (Jof. Joh. Ambr. Karl), Großmeister des deutschen Ordens im Kaiserthume Oesterreich, k. k. Feldzeugmeister, und Inhaber des Infanterie-Regiments Nr. 4 2c. 2c. geboren den 14. Juli 1782. Er widmete sich dem Militärstande, und befehligte in den Jahren 1809 und 1814 eine österreichische Heeresabtheilung.

In neuerer Zeit erwarb er sich große Verdienste um die Befestigungs-kunst durch die nach seinem Plane im Jahre 1831 erbaueten Fortifikations-Thürme an der Donau in Oberösterreich.

Nach dem Ableben des Erzherzogs Anton Viktor wurde er, bisher Ritter des deutschen Ordens und Landkomthur der ehemaligen Ballei Franken, im Großkapitel zu Wien, in Folge der, dem deutschen Orden schon von weil. Kaiser Franz dem I. bestätigten freien Wahl, aus der Mitte der Ordensritter zum Hoch- und Deutschmeister derselben er-wählet.

66. M. Antonia, geboren den 31. Oktober 1784 und gestorben den 8. April 1786.

67. Karl Ambros (Jof. Joh. Bapt.), Großkreuz und Prälat des königl. ung. St. Stephan-Ordens, Primas des Königreichs Ungarn und Erzbischof von Gran 2c., gebor. zu Mailand den 2. November 1785. Er war in seinem Knabenalter von sehr schwächlicher Gesundheit, ge-wöhnte sich jedoch durch häufige körperliche Leiden so sehr an Ergebung und Geduld, daß der geistliche Stand, für den man ihn bestimmte, recht sein eigentlicher Beruf auch wurde.

Auf der Burg zu Szerents in der Zempliner-Gespannschaft in Ungarn, wurde er zum geistlichen Stande vorbereitet, und machte in kurzer Zeit solche Fortschritte in seinem Berufe, daß er, bevor er noch das kanoni-sche Alter erreicht hatte, von Kaiser Franz dem I. in Berücksichtigung seiner ausgezeichneten Kenntniße und seines Eifers, mit Einwilligung des römischen Stuhles, zum Administrator des Bisthums von Waitzen, und nach kurzer Zeit zum Erzbischofe von Gran, und Primas des Kö-nigreichs Ungarn ernannt wurde.

In allen seinen hohen Würden zeichnete er sich durch Verdienste um die Kirche, den Staat, und die Wissenschaften aus, dabei war seine Wohl-thätigkeit ohne Grenzen. Besonders lag ihm die Erziehung und Bildung der jungen Geistlichen sehr am Herzen, und der ungarische Klerus hat ihm in dieser Hinsicht viele Verbesserungen zu verdanken.

Er bereiste selbst, oder ließ, wenn er durch Geschäfte verhindert war, öfters seine Diöcesen bereisen, um die Bedürfniße der Geistlichkeit und des Volkes zu erforschen, die Armen und Hilfsbedürftigen zu trösten und zu unterstützen, und ließ sich bei der Rückkehr seiner Stellvertreter ge-naue Darstellungen über den Erfolg ihrer Reise mittheilen.

Im Jahre 1809, als Ungarn von den vordringenden Franzosen bedroht wurde, und die auf dem kurzen Reichstage zu Presburg versprochene

Kriegshilfe nicht schnell genug geleistet wurde, bereiste er in Eile die nördlichen, so wie der Palatin die südlichen Gegenden, und beeiferte die Stände mit begeisternden Reden, um durch Truppen und Lieferung von Kriegsbedürfnißen die Monarchie und das Königreich Ungarn zu vertheidigen. Als er im Jahre 1809 die Spitäler der kranken Soldaten besuchte, wurde er daselbst von dem allda herrschenden Typhus angesteckt, und starb zu Dotis nach einem kurzen Krankenlager, allgemein bejammert und betrauert, am 2. September 1809 *).

68. M. Ludovika (Beat. Ant. Jos. Joh.), geboren den 14. December 1787, und vermält als dritte Gemalin mit Kaiser **Franz dem I.** von Oesterreich. (Siehe Nr. 27.)

15. M. Antonia (Anna Jos. Joh.), Sternkreuz-Ordensdame, geboren den 2. November 1755, und vermält mit **Ludwig dem XVI.**, Könige von Frankreich, geboren den 23. August 1754, und gestorben den 21. Jänner 1793.

Schon der bei ihrer Vermälung nieder stürzende Regen und heftiges Gewitter, so wie die bei den Festen der Stadt Paris am 30. Mai 1770 durch Einstürzung der Gerüste umgekommenen 1200 Menschen, gab dem abergläubischen Volke hinlänglichen Stoff zur Prophezeiung, daß aus dieser Ehe in der Folge großes Unglück entstehen würde.

Antoinettens Gemal, damals noch Dauphin, behandelte sie anfangs sehr gleichgiltig, aber in späterer Zeit gewann sie durch ihre Sanftmuth und Schönheit, so wie durch die Geburt eines Prinzen, Ludwigs ganzes Herz, gleichfalls auch die Neigung der Nation. Sie brachte dadurch zwar auf einige Zeit ihre Feinde zum Schweigen, welche sie sich durch einige Verstöße mit alten Familien durch Aufhebung der steifen französischen Hofetikette, und in den da von ihr gewählten kleineren sie umgebenden Zirkeln sich zuzog.

Als nun später der Staats-Bankrott eintrat, brachen alle diese Feinde vom Neuen los, und klagten die Gemalin Ludwigs der Verschwendung und der Hauptursache des Verfalles der Finanzen an, worüber sie aber im Bewußtsein ihrer Unschuld schwieg. Nachdem aber immer mehr Stürme heran zogen, so wurde sie von mehreren Verwandten, besonders ihrer Schwester, der Königin von Neapel dringend angegangen, sich den Gefahren zu entziehen, welches sie aber — da sie gelobte, beim Könige, ihrem Gemale, auszuharren — ablehnte.

Am 5. und 6. Oktober 1789 ward das Leben der Königin und der königlichen Familie schon gefährdet, nachdem sie an diesen Tagen mit ihrer ganzen Fa-

---

*) Zu Modena wurde ihm ein schönes Monument gesetzt, welches der Bildhauer Pisani verfertigte. Es zeigt den Primas in einem steinernen Sarge liegend, dessen Deckel ein Engel empor hebt, indem ein anderer Engel gegen den Himmel sieht, um seine Auferstehung anzudeuten.

milie von einem Haufen berauschter Weiber, und des niedrigsten Pöbels
nach Paris geführt, und früher das damals von ihr bewohnte Schloß Ver=
sailles erstürmt wurde. Zu Paris in den Tuillerien angelangt, rettete sie
ihr Leben nur durch den persönlichen Muth, da sie sich allein auf dem Bal=
kone der empörten Volksmenge, welche sie zu sehen verlangte, zeigte.

In den Tuillerien brachte sie von jetzt an zwei Jahre zu, wurde aber so=
dann nach der im Monate Juni 1791 unternommenen, aber leider mißglück=
ten Flucht, in engere Verwahrung gebracht, die nur dann sich erleichterte,
als der König die Konstitution annahm.

Nach mehreren gegen ihr Leben gemachten, aber stets mißlungenen Angrif=
fen, mußte sie sich endlich bei der Erstürmung der Tuillerien im Monate Au=
gust 1792 mit dem Könige und ihrer Familie in die National=Versammlung
flüchten, von wo aus dann die königliche Familie in dem Tempel in eine
förmliche Gefangenschaft gebracht wurde. Nun entstanden die förmlichen
Anklagen gegen den König und seine Gemalin, worauf sie von ihm getrennt,
und nur erst an dem Tage seiner Hinrichtung zur Abschiednehmung ihn
noch sah.

Auch Antoinette wurde im Oktober desselben Jahres vor ein Blutge=
richt gestellt, und ungeachtet sie durch ihre kräftigen Antworten die Richter
in Verlegenheit setzte, dennoch auf eine Anklage der fälschesten und wider=
sinnigsten Beschuldigungen zum Tode verurtheilt. Vom Kummer, und den
in dieser Revolutionszeit ausgestandenen Schrecknissen gealtert und geschwächt,
endete die unglückliche Königin am 16. Oktober 1793 ihr Leben.

Kinder.

69. M. Theresia (Charl.), geboren den 19. December 1778, und
vermält zu Mietau den 10. Juni 1799 mit Ludwig Anton, Herzog
von Angoulême, Graf von Meran, Großkreuz des milit. M. Theresien=
Ordens 2c., geboren den 6. August 1775.

M. Theresia, eine geistreiche und geschäftskundige Prinzessin, be=
währte in den traurigen Verhältnissen ihren Starkmuth, und zeigte in
allen ihren bisherigen Schicksalen stets eine feste Entschlossenheit.

Ihr Gemal stand im Jahre 1792 gegen die französischen Republikaner
unter den Ausgewanderten im Felde, folgte dann Ludwig dem XVIII.
nach Blankenburg in das Exil, landete im Jahre 1814 im britischen
Hauptquartiere zu St. Jean de Luz, zog im Monate März in Bour=
deaux ein, und ging erst dann nach Paris, als schon die ganze könig=
liche Familie dort war.

Im Jahre 1815 bereiste er mit seiner Gemalin das südliche Frankreich,
erfuhr da Napoleons Landung von der Insel Elba, wollte ihm den
Weg nach Lyon abschneiden, welches ihm aber durch die Untreue seiner
Truppen nicht gelang. Er selbst gerieth in Gefangenschaft, ging dann nach
seiner Entlassung nach Barcelona, von wo er bei der Schwankung von
Napoleons Regierung wieder nach Frankreich zurück kehrte, und im

südlichen Theile die königliche Regierung wieder herstellte. Später erwarb er sich auch als Anführer der im Jahre 1823 in Spanien zur Herstellung der alten Ordnung eingerückten Franzosen, Lorbern, indem er allda die königliche Gewalt wieder herstellte.

Nach der Abdankung des Königs Karl des X. ging er mit seiner Gemalin nach Prag in Böhmen. (Siehe Nr. 51, und die Genealogie von Frankreich.)

70. Ludwig (Jos. Xav. Franz), geboren den 22. Oktober 1781, und gestorben den 4. Juni 1789.

71. Ludwig (Kar), Dauphin XVII., geboren den 25. März 1785, und gestorben den 8. Juni 1795.

72. M. Sophia (Helene Beatrix), geboren den 9. Juli 1786, und gestorben den 16. Juni 1787.

16. Maximilian (Franz Xav. Jos. Joh. Anton de Paula Wenzl), Hoch = und Deutschmeister, Kurfürst zu Köln, und Bischof zu Münster; geboren den 8. December 1756.

Er durchreiste in seiner Jugend Europa, wählte dann den geistlichen Stand, und ließ sich im Jahre 1769 seinem Oheime Franz Karl von Lothringen, Deutschmeister; im Jahre 1780 aber dem Kurfürsten von Köln koadjungiren, und folgte Letzterem nach dessen Tode im Jahre 1784 im Kurfürstenthume, welches sich unter ihm sehr erholte, da er alle Ersparnisse zum Besten desselben verwendete.

An dem Kriege gegen Frankreich nahm er als Reichsfürst Antheil, unterstützte jedoch die Emigranten aus weiser Vorsicht nicht, und wurde im Jahre 1794 von den Franzosen verdrängt, ging dann nach Mergentheim, und endlich im Jahre 1800 nach Wien, wo er am 27. Juli 1801 in dem Lustschloße Hetzendorf seine irdische Laufbahn beschloß.

Anhang.

Genealogie von Spanien.

Karl IV. resignirte den 19. März 1808, starb zu Rom den 19. Jänner 1819. Vermälte sich mit **Louise**, Prinzessin von Parma, gestorben im Jahre 1819.

Kinder.

1. Charlotte (Joachime), vermält mit Johann dem VI. von Portugal, gestorben im Jahre 1830.

2. M. Ludovika (Karol.), Herzogin von Lucca, Wittwe seit dem Jahre 1803 des Königs Ludwig von Hetrurien. (Siehe Nr. 21.)

3. Ferdinand VII. König seit 19. März 1808, verliert den Thron und besteigt ihn 1814 wieder.
(Siehe Nr. 53, 79 und 129.)

4. Karl (Maria Isidor), geboren den 29. März 1788, vermält durch Prokuration den 4., und persönlich den 29. September 1816 mit M. Franziska d'Asis, Infantin (geboren den 22. April 1800, gestorben den 4. September 1834), einer Tochter des verstorbenen Königs Johann des VI. von Portugal.

Kinder.

a. **Karl** (Ludwig Maria), geboren den 31. Jänner 1818.

b. **Johann** (Karl Maria), geboren den 15. Mai 1822.

c. **Ferdinand** (Maria), geboren den 19. Oktober 1824.

5. M. Isabella, vermält mit Franz dem I., König von Sicilien.
(Siehe Nr. 46.)

6. Franz de Paula (Anton). (Siehe Nr. 128.)

Von Portugal.

Johann VI, geboren den 13. Mai 1766, Regent seit dem Jahre 1799, König seit 1816, und gestorben den 10. März 1826; war vermält im Jahre 1790 mit Charlotte Joachime, Prinzessin von Spanien, gestorben im Jahre 1830.

Kinder.

1. **M. Theresia**, geboren im Jahre 1793, Wittwe von Dom Pedro (Karl), Infant von Spanien, seit dem Jahre 1812.

Kind.

   a. **Dom Sebastian.** (Gabr.) (Siehe Nr. 135.)

2. **Dom Pedro I.** u. s. w. (Siehe Nr. 90.)

3. **M. Franziska**, geboren 1820, vermält mit Karl, Infant von Spanien, gestorben im Jahre 1834.

4. **M. Isabella**, geboren den 4. Juli 1801, vom Todestage ihres Vaters, bis zum 26. Februar 1828, Regentin von Portugal.

5. **Miguel** (Mar. Evarist), geboren den 26. Oktober 1802; durch Dekret des Königs Dom Pedro vom 3. Juli 1827, und nach der Eidesleistung vom 26. Februar 1828 auf die Aufforderung der drei Stände zum Könige erwählt, verpflichtet sich durch die Uebereinkunft zu Evoramonte vom 26., und durch die eigenhändige Erklärung vom 29. Mai 1834, Portugal zu verlassen, und sich in dessen Angelegenheiten nicht zu mischen, und schiffte sich am 1. Juni 1834 zu Sines am Bord der britischen Fregatte Stag nach Genua ein.

6. **Anna da Jesus** (Maria), geboren den 23. December 1806, vermält den 1. December 1827 mit dem Marquis von Loulé.

Von Großbritanien.

Georg III, König, gestorben den 29. Jänner 1820, als Wittwer von Sophie Charlotte, Prinzessin von Mecklenburg-Strelitz.

Kinder.

1. **Georg** IV. (August Fried.), geboren den 12. August 1762, zum Regenten von Großbritanien erklärt den 10. Jänner 1811, König seit dem Jahre 1820, gestorben den 26. Juni 1830, als Wittwer von Karolina Amalia, Prinzessin von Braunschweig-Wolfenbüttel.

Kind.

   a. **Charlotte** (Auguste), Prinzessin von Wales. (Siehe Nr. 141.)

2. **Wilhelm** IV. (Heinrich), König des vereinigten Reiches Großbritanien und Irland, König von Hannover, Herzog zu Braunschweig und

Lüneburg, geboren den 21 August 1765, folgte seinem Bruder Georg dem IV. am 26. Juni 1830 in der Regierung, gekrönt am 8. September 1831, vermält am 11. Juli 1818 mit Amalia (Adelh. Louise Theres.), eine Tochter des Herzogs Georg von Sachsen = Meiningen, geboren den 13. August 1792. König Wilhelm starb den 20. Juni 1837.

3. **Eduard August,** Herzog von Kent, geboren im Jahre 1767, und gestorben den 23. Jänner 1820, dessen Wittwe M. Louise Viktoria, geboren den 17. August 1786, eine Tochter des Herzogs Franz von Sachsen = Saalfeld = Coburg, und Wittwe des Fürsten Emerich von Leiningen seit 4. Juli 1814.

Kind.

Alexandrine Viktoria, geboren den 24. Mai 1819.

4. **Auguste Sophie,** geboren den 8. November 1768.

5. **Elisabeth,** geboren den 22. Mai 1770, seit dem Jahre 1829 Wittwe des Landgrafen Friedrich Joseph von Hessen = Homburg.

6. **Ernst August,** Herzog von Kumberland, geboren den 5. Juni 1771, vermält den 29. Mai 1815 mit Friederika (Karol. Sophie Alexand.), einer Tochter des Großherzogs Karl zu Meklenburg und Strelitz, geboren den 2. März 1778.

Wittwe 1.) des Prinzen Ludwig von Preußen, und
2.) des Prinzen Friedrich Wilhelm von Solms=Braunfeld.

Kind.

Georg (Fried. Alex. Karl Ernst August), geboren den 27. Mai 1819.

7. **August Friedrich,** geboren den 27. Jänner 1773, Herzog von Suffex.

8. **Adolph Friedrich,** Herzog von Cambridge, Vicekönig des Königreichs Hannover seit 22. Februar 1831, geboren den 25. Februar 1774, und vermält den 7. Mai 1818 mit Augusta (Wilh. Louise), einer Tochter des Landgrafen Friedrich von Hessen=Kassel, geb. den 25. Juli 1797.

Kinder.

a. **Georg** (Fried. Wilh. Karl), geboren den 26. März 1819.

b. **Auguste** (Karol. Charl. Elis. Mar. Sophie Louise), geboren den 19. Juli 1822.

c. **Maria** (Adel. Wilh. Elis.), geboren den 27. November 1833.

9. **Maria,** geboren den 25. April 1776, vermält den 22. Juli 1816 mit Friedrich Wilhelm, Herzog von Gloucester, Vatersbruders Sohn, geboren den 15. Jänner 1776, und gestorben den 30. November 1834.

10. **Sophie,** geboren den 3. November 1747.

Von Frankreich.

Ludwig XIII., gestorben im Jahre 1643.

Ludwig XIV., König 1643, gest. 1715. **Ludwig**, Dauphin, gest. 1711.	**Philipp I.**, Herzog von Orleans, gestorben 1701. **Philipp**, Herzog von Orleans, während der Minderjährigkeit Ludwig des XIV. Regent, dessen Urenkel **Ludwig Joh. Philipp**, Herzog von Orleans, geboren 1747, vermält mit Louise M. Adelheid von Penthievre, geb. 1753, gest. 1815 — Ludwig starb unter der Guillotine den 6. Nov. 1790.

Ludw. Philipp I. König der Franzosen. (Siehe Nr. 51.)	**Eugenia** (Adelh. Louise), Prinzessin von Orleans, geb. den 23. Aug. 1777.

Ludwig,
Herzog von Burgund, gest. 1712.

Philipp V.,
Stammvater der Häuser von Spanien und Sicilien.

Ludwig XV.,
geb. 1710, König 1715, gest. 1744.

Ludwig, Dauphin,
geboren 1729 und gestorben 1765.

Ludw. XVI.	**Ludw. XVIII.**	**Karl X.**
gebor. 1754, gest. 1793. (Siehe Nr. 15.)	geb. den 17. Nov. 1755, folgte 1795, bestieg den Thron 1814, starb 1824. (Siehe bei Nr. 86.)	Philipp Graf von Artois, geb. den 9. Okt. 1757. Wittwer seit 2. Juni 1805 von M. Theresia v. Sardinien, einer Tochter des Königs Viktor Amadeus des III., er folgte seinem Bruder Ludwig dem XVIII., resignirte am 2. Aug. 1830.

	Ludw. Anton	**Karl Ferd.**
	Herzog v. Angouléme, vermält mit Mar. Theresia, einer Tochter Ludwig des XVI. (Siehe Nr. 69.)	Herzog von Berri, ermordet 1820 den 14. Febr., vermält mit M. Karoline, Prinzess. v. Sicilien. (Siehe Nr. 126.)

Von Baiern.

Karl Theodor, Kurfürst von der Pfalz, aus dem Hause Sulzbach, gestorben 1799 den 16. Februar, dessen Gemalin M. Leopoldine, eine Tochter des Erzherzogs Ferdinand von Oesterreich, Herzog von Modena und Breisgau, geb. den 10. December 1776, und vermält den 15. Februar 1795. Wittwer seit 1799.

Maximilian Joseph, aus der Kurlinie Pfalz-Zweibrücken, erbt Baiern und die Kur, wird 1815 König, und stirbt im Jahre 1825.
Erste Gemalin: Wilhelmine Auguste, eine Tochter des Prinzen Georg zu Hessen-Darmstadt, gestorben den 30. März 1796.
Zweite Gemalin: Friederike (Wilh. Kar.), eine Tochter des Erbprinzen Karl Ludwig von Baden, geboren den 13. Juli 1776, vermält den 19. März 1797. Wittwe seit 13. Oktober 1825.

Kinder
aus der ersten Ehe.

1. **Ludwig I.** (Karl Aug.), geboren den 25. August 1786, folgte seinem Vater Max. dem I. am 13. Oktober 1825, vermält den 12. Oktober 1810 mit Theresia (Charl. Louise Friedr. Amal.), einer Tochter des verstorbenen Herzogs von Sachsen-Altenburg, geboren den 8. Juli 1792.

Kinder.

1. **Maximilian** (Jos.), Kronprinz, gebor. den 28. Novemb. 1811.

2. **Mathilde** (Karol. Fried. Wilh. Charl.), geboren den 30. August 1813. Vermält mit dem Erbgroßherzoge von Hessen, Ludwig, geboren den 9. Juni 1806, und vermält den 26. December 1833.

3. **Otto** (Fried. Ludw.), geboren den 1. Juni 1815, König von Griechenland. Erwählt kraft der den vermittelnden Großmächten (Frankreich, Großbritanien und Rußland), des londoner Präliminar-Vertrages vom 6. Juli 1827, durch die griechische Nation übertragenen Gewalt, durch den zu London am 7. Mai 1832 abgeschlossenen, und von Sr. Majestät dem Könige von Baiern den 27. Mai 1832 ratificirten Vertrag, nimmt die Würde an am 5. Oktober 1832, besteigt den Thron Griechenlands am 25. Jänner (6. Februar) 1833 mit der bis zum zurück gelegten 20. Lebensjahre ihm zugegebenen Regentschaft, tritt die Regierung nach erlangter Volljährigkeit selbst an, am 1. Juni 1835, vermält den 22. November 1836 mit M. Friederika Amalia, Herzogin von Oldenburg (geb. den 21. Dec. 1818).

4. **Luitpold** (Karl Jos. Wilh. Ludw.), geboren den 12. März 1821.

5. **Adelgunde** (Aug. Charl. Karol. Elis. Amal. Sophie M. Louise), geboren den 19. März 1823.

6. **Hildegard** (Louise Charl. Theres. Fried.), geb. am 10. Juni 1825.

7. **Alexandra** (Amalia) geboren den 26. August 1826.

8. **Adalbert** (Wilh. Georg Ludw.), geboren den 19. Juli 1828.

2. **Augusta** (Amalia), geboren den 21. Juni 1788, vermält den 14. Jänner 1806 mit dem Prinzen Eugen, Herzog von Leuchtenberg und Fürsten von Eichstädt. Wittwe seit 21. Februar 1824. (Siehe Nr. 173.)

3. **Karolina Augusta,** verwittwete Kaiserin von Oesterreich.
(Siehe Nr. 27.)

4. **Karl** (Theod. Max. Aug.), geboren den 7. Juli 1795.

Aus der zweiten Ehe.

5. **Elisabeth** (Ludov.), vermält am 29. November 1823 mit Friedrich Wilhelm, geboren den 15. Oktober 1795; Kronprinz von Preußen.

6. **Amalia** (Augusta), vermält mit Johann Nep., Prinz von Sachsen. (Siehe Nr. 78.)

Zwillinge, gebor. den 13. Novemb. 1801.

7. **Sophie** (Fried. Doroth.), vermält mit Franz Karl, Erzherzog von Oesterreich.
(Siehe Nr. 94.)

8. **M. Anna** (Leop.) (Siehe Nr. 75.)

Zwillinge, gebor. den 27. Jänner 1805.

9. **Ludovika,** geboren den 30. August 1808, vermält mit Maximilian, Herzog von Baiern (ehemalige pfalz = zweibrücken = birkenfeldische Linie), geboren den 4. December 1808, und vermält den 9. Septemb. 1829.

Kinder.

1. **Ludwig** (Wilh.), Herzog in Baiern, gebor. den 21. Juni 1831.

2. **Karolina** (Theres. Helene), geboren den 4. April 1834.

Von Sachsen.

Friedrich Christian, Kurfürst, gestorben den 17. December 1763.

Kinder.

1. **Friedrich August** I., geboren den 23. December 1750, folgte seinem Vater 1763, wird König am 11. December 1806, stirbt den 5. Mai 1827; vermält den 29. Jänner 1769 mit Amalia Augusta,

Prinzeſſin von Pfalzzweibrücken, geboren den 11. Mai 1752, und geſtorben 1828.

Kind.

M. Auguſta (Nepom. Ant. Franz Xav. Aloiſ.), geboren den 21. Juni 1782.

2. **Anton I.** (Klement Theodor), geboren im Jahre 1755. (Siehe Nr. 26).

3. **Amalia** (Mar. Anna Joſ.), geboren den 26. September 1757, verwittwete Herzogin von Pfalzzweibrücken und Aebtiſſin des adeligen Damenſtiftes zu München.

4. **Maximilian** (Mar. Joſ.) u. ſ. w. (Siehe Nr. 20 u. 81.)

Von Savoyen‑Carignan.

Karl (Eman. Ferd.), Herzog, geſtorben 1800, deſſen Wittwe M. **Chriſtina**, Prinzeſſin von Sachſen, geboren 1779. (Siehe Nr. 102.)

Kinder.

a. **Karl Emanuel Albert V.**, geboren 1798, vermält mit der Erzherzogin von Oeſterreich‑Toskana. (Siehe Nr. 102.)

b. **Eliſabeth,** vermält mit dem Erzherzoge **Rainer** von Oeſterreich. (Siehe Nr. 39.)

Der Sohn des Großoheims **Eugen** M. **Ludwig,** geboren den 21. Oktober 1753, und geſtorben den 30. Juni 1785, iſt **Joſeph** Chevalier de Savoie, geboren den 30. Oktober 1783, geſtorben den 15. Oktober 1825, deſſen

Kinder.

a. **Eugen** (Eman. Joſ.), geboren den 14. April 1816. Zum Prinzen von Savoyen‑Carignan erklärt durch königl. Dekret vom 28. April 1834.

b. **M. Viktoria** (Louiſe Philiberte), geboren den 29. Sept. 1814.

Von Sardinien.

Viktor Amadeus III., König 1773, gestorben 1796.

Kinder.

1. **Karl Emanuel** IV., geboren 1750, König 1796, dankt ab 1802, gestorben 1820.

2. **Viktor Emanuel** I. (Siehe Nr. 60.)

3. **Karl Felix**, der letzte der ältern Savoy'schen Linie, König zur Resignation seines Bruders im Jahre 1821. (Siehe Nr. 48.)

Das zur Thronfolge gelangende Haus Savoyen-Carignan siehe bei Nr. 102.

Namenverzeichniß.

Erklärung der Wappen

1. Habsburg.
2. Oesterreich.
3. Lothringen.
4. Toskana.
5. Lombardi u. Venedig.
6. Modena.
7. Parma u. Piacenza.
8. Guastalla.
9. Dalmatien.
10. Alt u. Neu Ungarn.
11. Croatien.
12. Slavonien.
13. Siebenbürgen.
14. Böhmen/ob.
15. Feldkirch.
16. Trient.
17. Salzburg.
18. Brixen.
19. Deutscher Orden.
20. Oesterreich unt. Enns.
21. Tirol.
22. Steiermark.
23. Sonnenberg.
24. Bregenz.
25. Oesterreich ob.der Enns.
26. Bosnien.
27. Servien.
28. Carniolien.
29. Bulgarien.
30. Rabrien.
31. Indien.
32. Anjou.
33. Aragonien.
34. Leon.
35. Calabrien.
36. Castilien.
37. Jerusalem.
38. Sicilien.
39. Ragusa.
40. Krain.
41. Istrien.
42. Gnotiska.
43. Windische Mark.
44. Illyrien.
45. Friaul.
46. Triest.
47. Cattaro.
48. Zara.
49. Görz.
50. Kärnthen.
51. Ober Lausitz.
52. Mähren.
53. Böhmen.
54. Teschen.
55. Nieder Lausitz.
56. Schlesien.
57. Auschwitz.
58. Lodomerien.
59. Zator.
60. Galizien.

Zeitfracht Medien GmbH
Ferdinand-Jühlke-Straße 7
99095 Erfurt, Deutschland
produktsicherheit@kolibri360.de